참 괜찮은 말들

참 괜찮은 말들

초판 1쇄 발행 2025년 9월 26일
초판 3쇄 발행 2025년 11월 11일

지은이 | 박지현
발행인 | 강수진
편집장 | 유소연
편집 | 이여경
홍보 | 이세원
마케팅 | 이진희
표지 일러스트 | 결(Gyeol)
디자인 | design co*kkiri

주소 | (04075) 서울시 마포구 독막로 92 공감빌딩 6층
전화 | 마케팅 02-332-4804 편집 02-332-4809
팩스 | 02-332-4807
이메일 | mavenbook@naver.com
홈페이지 | www.mavenbook.co.kr
발행처 | ㈜메이븐콘텐츠
출판등록 | 2024년 11월 22일 제2024-000277호

ⓒ 박지현, 2025(저작권자와 맺은 특약에 따라 검인을 생략합니다)
ISBN 979-11-990929-4-5 (03190)

- 이 책은 저작권법에 따라 보호받는 저작물이므로 무단 전재와 무단 복제를 금지하며, 이 책 내용의 전부 또는 일부를 이용하려면 반드시 저작권자와 메이븐의 서면 동의를 받아야만 합니다.
- 잘못된 책은 구입하신 곳에서 바꾸어 드립니다.
- 책값은 뒤표지에 있습니다.

18년 동안 길 위에서 만난 현명한 어른들에게 배우다

참 괜찮은 말들

박지현 지음

PROLOGUE

자신의 삶으로 증명해 낸 인생의 말들

요즘 아침에 일어나면 창문을 열고 침대를 정리하는 것이 일상의 시작이 되었습니다. 하지만 그것이 꽤나 오래된 습관일 거라고 생각한다면 오산입니다. 재작년에 tvN '유 퀴즈 온 더 블럭'에 배우 김희애 씨가 출연했을 때였습니다. 사람이 일어나면 이부자리를 개는 게 당연하다고 말하는 그녀에게 진행자가 "왜죠?"라고 반문했습니다.
"자기가 잔 자리는 자기가 치워야죠. 그러고 싶지 않나요? 밤에 깨끗이 정리된 침대를 보면 얼마나 기분이 좋은데요?"
사실 저도 진행자와 같은 질문을 하고 싶었습니다. 저도 일어나면 찌뿌둥한 몸을 일으켜 화장실 가기 바빴지, 침대를 정리할 생각은 잘 해 보지 않았으니까요. 그녀에게는 당연한 것이 저한테는 전혀 불편함을 못 느끼는 문제였던 것입니다. 그런데 인터뷰를 마치고 나서 이상하게도 그녀의 이야기가 계속 머릿속을 맴돌았습니다. 그래서 다음 날 일어나서 침대를 정리해 보았습니다. 침대를 정리하려니까 창문을 열어 환기도 하게 되고, 환기를 하는 김에 군데군데 먼지도 치우게 되었습니다. 다 해 봐야 5분 정도 걸렸을까요. 그런데 밖에 나갔다가 저녁때 집에 들어와 깨끗이 정리된 침대를 보는데 기분이 생각보다 더 좋았습니다. 왠지 뿌듯함마저 들었던 것 같습니다.

그 이후 아침에 일어나 창문을 열고 침대를 정리하는 것은 저의 루틴이 되었습니다. 무엇보다 그렇게 하루를 시작하는 제가 마음에 듭니다. 아마도 김희애 배우를 만나지 않았다면 저는 아직도 침대 정리를 안 하고 있었겠죠. 생각해 보면 저는 그녀가 그 이야기를 했을 때 스스로 나태한 인간처럼 느껴져 부끄러웠던 것 같습니다. 그래서 무의식중에 침대 정리를 하게 되었는지도 모르겠습니다. 어쨌든 저는 김희애 배우 덕에 좋은 루틴 하나를 얻었습니다. 그리고 보면 살아가면서 스스로를 돌아보고 부끄럽게 만드는 사람을 만나는 것은 참 행운이 아닌가 싶습니다.

'그때 나는 어떻게 말해야 했을까?'

멀어진 관계 앞에서, 깨져 버린 사랑 앞에서, 놓쳐 버린 기회 앞에서, 제가 했던 말들을 떠올리며 후회한 적이 많았습니다. 제 감정만 앞세운 채 상대의 마음을 헤아리지 못했던 순간들, 꼭 전해야 할 말을 망설이다 끝내 기회를 놓쳤던 순간들, 때로는 뜻하지 않게 누군가에게 상처를 준 적도 있습니다. 그때는 그 말이 최선이었다고, 그렇게 말할 수밖에 없었던 이유가 있었다고 스스로를 달랬지만 그렇다고 지나간 과거가 다시 돌아오는 것은 아니었습니다. 여전히 저는 같은 실수로 사람을 잃고 기회를 놓쳤습니다.

그래시였을 겁니다. 적절한 순간에 적절한 말을 건네는 사람, 말을 예쁘게 하는 사람, 신중하게 말을 고르는 사람들을 보면 눈길이 갔고, 말을 함부로 하는 사람, 마음과는 다른 말을 내뱉는 사람들을 보면 저도 모르게 안타까운 마음이 들었습니다. 저라면 어떻게 말했을까 곰곰이 곱씹어 보기도 했습니다.

정말 다행이라고 생각하는 것은 뜻하지 않게 KBS '다큐멘터리 3일'과 tvN '유 퀴즈 온 더 블럭'에서 20년 가까이 일해 오면서 수많은 사람들을 만나 그들의 삶을 기록하고 정리하며 제가 했던 실수들을 돌아볼 수 있었고, 그로부터 참 많은 것을 배울 수 있었다는 것입니다.

제가 그중에서도 손에 꼽는 사람들이 있습니다. 한센병자인 할머니, 시골 시장 뒷골목에서 우연히 만난 아주머니, 아주 작은 섬의 슈퍼 할아버지, 신생아 중환자실을 지키는 의사, 전임 대통령, 일본의 영화감독, 뉴욕 이슬람 사원에서 만난 승려, 남프랑스에서 만난 와인 소믈리에 등등…. 그들은 서로 태어난 곳도 다르고, 성장 배경도 천차만별이었지만 공통점이 하나 있었습니다. 그들은 자기 자신에게도, 타인에게도 비관적인 말을 함부로 내뱉지 않았습니다.

보통 우리는 불행이 닥쳐오면 타인과 세상 탓을 하게 됩니다. 그런데 그들은 아무리 절망적인 상황에서도 타인에 대한 따뜻한 태도를 잃지 않았으며, 함부로 세상 탓을 하지 않았습니다. 비관적인 말을 내뱉는 것은 쉽지만 그 말 뒤에 숨어 아무것도 하지 않는 것은 어른의 태도가 아니라고 생각하기 때문일 겁니다. 또한 그들은 말 한마디가 누군가에게 얼마나 큰 상처가 되고, 얼마나 큰 절망을 안겨 줄 수 있는지를 알고 있기에, 비관을 쉽게 입에 올리지 않았습니다. 깊은 성찰 없이 비관을 내뱉는 것은 말의 책임을 저버리는 일이라 생각한 것입니다.

그렇다고 그들이 세상을 낭만적으로 본다는 뜻은 아닙니다. 그들은 고통과 부조리로 가득 찬 현실을 외면하지 않고 똑바로 바라봤습니다. 그리고 그 안에서 어떻게든 삶의 의미를 찾아내려 애썼고, 그에 가장 적합한 언어를 찾을 때까지 그들은 묵묵히 하루하루를 살아갔습니다. 또 그들은 살다 보면 감당하지 못할 고통과 시련이 아무 때고 찾아올 수 있음을 잘 알고 있기에 남들의 시선에 쉽게 휘둘리지 않았고, 남들의 기대에 맞추어 살려고 애쓰지 않았습니다.

무엇보다 그들의 삶을 지켜보며 가장 놀라웠던 사실은 그들이 자신에게도 함부로 비관적인 말을 하지 않는다는 점이었습니다. 그들은 아무리 절망적인 상황에서도 자기 자신을 비하하거나 자책하며 자기 비난의 늪에 빠지지 않았습니다. 대신 그들은 무엇이든 해 보려고 움직였습니다. 그들은 누구도 자신의 삶을 책임져 주지 않는다는 사실을 잘 알고 있었고, 그래서 더욱더 자신의 인생을 망칠 일은 하지 않았습니다. 그들은 저에게 자기 비난이 얼마나 어리석은 행동인지를 가르쳐 주었을 뿐만 아니라 그 늪에 빠지지 않으려면 스스로에게 하는 부정적인 말부터 멈추어야 한다는 사실을 알려주었습니다. 생각해 보면 우리가 사랑하는 사람에게 '넌 제대로 하는 게 뭐가 있니?', '전부 네 탓이야', '그냥 아무것도 하지 마'라는 말을 하지는 않습니다. 그런데 왜 우리 자신에게는 그런 말을 아무렇지 않게 하는 것일까요.

한번 내뱉은 말은 돌이킬 수 없다는 것을 알면서도 우리는 쏟아져 나오는 감정을 어쩌지 못해, 혹은 비판을 견디지 못해 기어이 후회할 말을 내뱉곤 합니다. 저도 별반 다르지 않습니다. 하지만 그럴 때마다 저는 그동안 만나 온 현명한 어른들을 떠올려 봅니다. 그들이 자신에게도 타인에게도 비판적인 말을 함부로 내뱉지 않는 이유들을 떠올리며 마음을 다잡는 것입니다.

우리는 살면서 각자 많은 사람들을 만나게 되고 그들에게 많은 이야기를 듣습니다. 하지만 그 말들을 우리가 모두 귀 기울여 듣는 것은 아닙니다. 거창하고 그럴듯한 말이지만 그냥 빈껍데기처럼 스쳐 가는 말도 있고, 좋은 말이지만 동의할 수 없는 말도 있고, 처한 상황과 처지가 달라 받아들이지 못하는 말도 있습니다. 그런데 제가 길 위에서 만난 수많은 사람들의 말에 귀를 기울이고, 그들의 말을 그냥 흘려 버릴 수 없었던 것은 그것이 그 어떤 인생의 고난에도 굴하지 않고 결국 자신의 삶으로 증명해 낸, 증명의 말들이었기 때문입니다. 어떻게 그들은 그 상황에서 그렇게 말할 수 있었을까.

예전에 일흔이 넘어 한글 학교에 다니는 한 할머니를 만난 적이 있었습니다. 평생 자신의 이름도 쓸 줄 모르는 채로 죽을 수도 있다는 게 한이었던 할머니는 그저 배우는 게 너무 좋다고 말했습니다. 그러다 저에게 "꿈을 꾸고 부지런히 살면 좋은 일이 생길 거예요"라고 말했는데, 솔직히 다른 사람이 저에게 그런 말을 했다면 "네, 좋은 말이네요"라고 그냥 흘려 버렸을지 모릅니다.

그런데 할머니의 하루를 따라가 보고는 입을 다물 수밖에 없었습니다. 매일 새벽 6시 반이면 집을 나서서 지하철을 갈아타고 지하철에서 내린 후에도 한참을 걸어가야 하는 등굣길. 주위 사람들은 언제든 힘들면 그만둬도 된다고 했지만 정작 할머니는 새로운 걸 배우고 익히는 게 너무 좋아서 힘든 줄도 몰랐습니다. 그래서 양원주부학교에서 4년, 일성여자중고등학교에서 2년, 총 6년의 학창 시절 동안 할머니는 결석은 물론이고 지각 한 번 한 적이 없었습니다. 눈은 침침하고, 허리가 아파 앉아 있는 것도 힘들었지만 매일 2~3시간의 복습도 빼놓지 않았습니다. 결국 6년 뒤 할머니는 82세의 나이에 2024학년도 수능시험 최고령 응시자가 되었습니다.

그래서였습니다. 할머니가 자신의 삶을 걸고 기어코 증명해 낸 그 말이 제 마음을 울렸고 그 뒤로도 가끔 그 말이 떠올랐습니다.

한 뇌과학자가 해 준 말도 마음에 많이 남았습니다. "동기 부여가 내부에서 와야 해요. 내가 할 수 있겠다는 내부의 동기가 분명했기 때문에 버틸 수 있었어요. 주변에서 하라니까 했으면 비난받았을 때 바로 그만두고 싶었을 텐데 내가 스스로 결정한 것이기 때문에 이겨 낼 수 있었습니다." 교수 임용을 뒤로하고 매달린 실험이 정확하게 119번 실패했고, 120번째 시도에 성공을 거두었는데 그 비결이 무엇이냐고 물었을 때 그녀는 담담히 그렇게 말했습니다. 그나마 응원해 주던 소수의 사람들마저 실패가 100번이 넘어가자 모두 뜯어말렸지만 그래서 해 나갈 수 있었다고.

한 의사는 제게 "환자도 자신의 병에 대해 모든 것을 알 권리가 있다고 생각합니다"라고 말했습니다. 왜냐하면 그의 아버지가 백혈병에 걸렸을 때 그는 아버지에게 계속 좋아지고 있다고 거짓말했는데, 결국 아버지는 5개월의 투병 생활 끝에 세상을 떠나고 말았기 때문입니다. 그는 아버지가 적어도 자신의 상태를 정확히 알았다면 사랑하는 사람들에게 작별 인사를 건네고 삶을 돌아볼 기회를 가질 수 있었을 텐데, 자신 때문에 그런 기회를 놓친 것 같아 후회가 된다고 말했습니다. 그래서 그는 환자와 가족들이 자신처럼 후회하지 않기를 바라며 최악의 상황일지라도 지금 상태를 있는 그대로 설명한다고 했습니다.

그의 말을 들으며 저는 너무 안타까웠습니다. 그의 후회가 남의 일 같지 않았고, 저라면 그 상황에서 어떻게 했을까 돌아보게 되었습니다.

이처럼 제가 길 위에서 만난 수많은 사람들은 그렇게 살지 않았다면 결코 할 수 없는, 그렇게 살아야만 할 수 있는 귀한 삶의 말들을 저에게 들려주었습니다. 그래서 저는 그들이 하는 말들을 차마 무신경하게 듣고 넘겨 버릴 수가 없었습니다. 무엇보다 그들이 삶으로 증명해 낸 그 말들은 인생의 고비마다 저에게 정말 많은 힘이 되어 주었습니다.

세상 그 누구보다 자기 자신에게 먼저 친절해야 한다, 우리가 누구인지를 결정하는 건 우리의 능력이 아니라 우리의 선택이다, 많이 무서울 때는 그게 뭔지 꼭 확인해 봐야 한다, 삶의 고통을 무기력감 없이 받아들일 수 있을 때 비로소 어른이 된다, 좋은 사람을 만나고 싶으면 먼저 좋은 사람이 되어야 한다, 누구도 함부로 대하지 마라….

그 말들은 제가 인정받기 위해 애쓰다 지쳐 버렸을 때 저를 다독여 주었고, 그 어떤 것도 위로가 되지 않을 때 따뜻한 위로가 되어 주었으며, 사람이 싫은 날엔 충분히 그럴 수 있다고 저를 달래 주었습니다. 제가 길을 잃고 헤맬 때는 지금 있는 그 길에서도 배울 게 많다고, 쓸데없는 경험은 없다고 말해 주었습니다. 그리고 무엇보다 그 말들은 불공평하고 불합리한 세상에서 제 방식대로 한 발 한 발 앞으로 나아가는 법을 가르쳐 주었습니다.

아무리 마음을 다잡아도 시끄럽고 소란스러운 세상에서 하루하루 살아간다는 것이 쉬운 일은 아닌 것 같습니다. 그래서 저는 참 운이 좋다고 생각합니다. 저를 부끄럽게 만들고 더 나은 방향으로 나아가게끔 만들어 주는 사람들을 많이 만날 수 있었기 때문입니다. 그들은 때론 변화의 말을, 때론 위로의 말을, 때론 통찰의 말을, 때론 지혜의 말을 건넸고 그 수많은 말들을 듣고 또 들으며 저는 어느새 단단해질 수 있었습니다. 그래서 저는 바랍니다. 인생의 어느 시절 저를 붙잡아 준 말들이 당신에게도 가닿기를. 그래서 오늘 하루만이라도 당신이 비난 대신 이해의 말을, 무심한 침묵 대신 따뜻한 격려의 말을, 조급한 말 대신 여유 있는 말을 건넬 수 있기를.

그러면 말 때문에 사람을 놓치고 기회를 놓쳐서 후회하는 일은 분명 줄일 수 있을 것입니다. 그리고 적어도 오늘은 꽤 괜찮은 하루가 되지 않을까요. 그런 하루하루가 모인다면 꽤 멋진 인생이 되지 않을까요.

2025년 가을에
박지현

CONTENTS

PROLOGUE 자신의 삶으로 증명해 낸 인생의 말들 · 4

CHAPTER 1
18년 동안 현명한 어른들에게 배우다

:: 나는 왜 자꾸 초라하다고 느끼는 걸까 · 19
:: '남에게 피해 주지 말자'는 생각이 틀린 건 아니지만 · 24
:: 태어난 것으로 이미 목적을 다했어 · 30
:: 현명한 어른들의 공통점 · 34
:: 내가 나의 심장을 믿어 보기로 한 까닭 · 41
:: 글씨를 반듯하게 써야 하는 이유 · 46
:: 수능 최고령 응시자 할머니가 나에게 해 준 말 · 50
:: 아버지가 아이들 앞에서 무릎을 꿇은 이유 · 56
:: 칼 세이건이 나에게 가르쳐 준 삶의 진실 · 60

CHAPTER 2
참 괜찮은 말들

:: 신이 애초에 나한테 주지 않은 것 · 67
:: 일하는 자의 기본값 · 69
:: 그가 젊은이들에게 잔소리 대신 하는 말 · 74

∷ 가족이니까 서로를 잘 알고 있다는 착각 · 79
∷ 그것은 벽이 아니라 문일 수도 있다 · 82
∷ 누구도 누굴 함부로 할 순 없어, 그건 죄야 · 87
∷ 내가 강연을 할 때마다 그 약국을 찾아가는 이유 · 91
∷ 그가 환자들에게 최악의 상황을 그대로 말하는 까닭 · 95
∷ 제자를 울린 한마디 "네가 아픔을 알잖아" · 99
∷ 그 어떤 것도 위로가 되지 않을 때 · 104

CHAPTER 3
나는 나에게 어떤 말을 가장 많이 하고 있을까 : 나에 대한 이해

∷ 그때 나에게 미처 하지 못한 말 · 113
∷ 우리가 누구인지를 결정하는 건 우리의 능력이 아니란다, 우리의 선택이지 · 119
∷ 도둑에게 남긴 품격 있는 당부의 글 · 124
∷ 많이 무서울 때는 그게 뭔지 꼭 확인해 봐야 한다 · 127
∷ 에콰도르인들이 자꾸 실수하는 사람에게 하는 말 · 131
∷ 어려울 때 연락할 수 있는 사람이 있다는 사실만으로도 · 134
∷ 참 사랑스러운 조언 · 138
∷ 인터뷰에 긍정적인 사람들이 80퍼센트 정도 된다고 말한 이유 · 141
∷ 당신은 이미 답을 알고 있을 수도 있다 · 145
∷ 오늘 하루를 가장 잘 보내는 법 · 151

CHAPTER 4

나는 타인에게 어떤 말을 건네는 사람일까 : 인간관계

:: 살면서 결코 아끼지 말아야 할 말이 있다 · 157
:: 내가 절대 장례식장에서 "힘내"라는 말을 하지 않는 이유 · 162
:: 거절하는 이유를 말해 준다는 것의 의미 · 165
:: 치매에 걸린 사람도 존중받을 권리가 있다 · 167
:: 단골들이 한 가게 사장의 은퇴식을 몰래 준비한 까닭 · 172
:: 그 많은 손편지들은 지금 어디에 있을까 · 177
:: 사람의 마음을 얻는 가장 쉬운 방법 · 181
:: 그가 4년째 잠들기 전 빼놓지 않고 하는 것 · 188
:: '미안하다'는 말 속에 숨어 있는 말 · 192
:: 타인의 비극에 대한 최소한의 예의 · 195

CHAPTER 5

현명한 사람들이 비관적인 말을 함부로 내뱉지 않는 이유 : 삶의 기술

:: 불운이 닥쳤다고 누구나 세상을 원망하는 건 아니다 · 201
:: 내 삶을 단 몇 줄로 요약해 본다면 · 206
:: 결혼 생활에서 가장 중요한 것 · 211
:: 그럼에도 타인에게 따뜻하고 다정할 것 · 217

:: '또'라는 말부터 멈추어야 한다 · 221
:: 바다가 나에게 알려 준 삶의 비밀 · 225
:: 말하지 않으면 아무것도 바뀌지 않지만 · 230
:: 그가 손님이 없어도 밤 10시까지 가게 불을 켜 두는 이유 · 235
:: 신생아들이 내게 가르쳐 준 생명의 비밀 · 239

CHAPTER 6
나는 어떤 말로 나의 하루를 채울 것인가

:: 내가 이순재 배우 인터뷰를 잊지 못하는 까닭 · 247
:: 오늘 하루를 어떤 말들로 채울 것인가 · 251
:: 좋은 인연을 놓치지 않는 법 · 254
:: 대신 엄마도 이기적으로 살아 줘 · 259
:: 지금 내가 해야 할 일 · 263
:: 그가 동물에게 하고 싶고, 듣고 싶은 말 · 269
:: 나답게 산다는 것의 진짜 의미 · 273
:: 크리스마스를 잘 보내는 방법 · 279
:: 나는 어떻게 기억되고 싶은가 · 283

CHAPTER 1

18년 동안
현명한
어른들에게
배우다

나는 왜 자꾸 초라하다고 느끼는 걸까

2022년, 수학계의 노벨상이라 불리는 '필즈상'을 받은 미국 프린스턴대 허준이 교수. 그는 서울대 졸업식 축사에서 평균적으로 사람이 80년, 약 3만 일을 건강하게 산다고 했을 때 그중 또렷이 기억하는 날은 많지 않을 텐데, 졸업식이라는 특별한 하루를 함께할 수 있게 되어 기쁘다며 말문을 열었다.

"이제 본격적으로 어른입니다. 실패를 두려워하지 말고 도전하라. 편안하고 안전한 길을 거부하라. 타협하지 말고 자신의 진짜 꿈을 좇아라. 모두 좋은 조언이고 사회의 입장에서는 매우 유용한 말입니다만 개인의 입장은 다를 수 있습니다.

제로섬 상대 평가의 몇 가지 퉁명스러운 기준을 따른다면, 일부만이 예외적으로 성공할 것입니다. 여러 변덕스러운 우연이, 지쳐 버린 타인이, 그리고 누구보다 자신이 자신에게 모질게 굴 수 있으니 마음 단단히 먹기 바랍니다. '나는 커서 어떻게 살까?'라는 오래된 질문에 오늘부터의 매일이 대답해 줄 것입니다.

취업 준비, 결혼 준비, 육아, 교육, 승진, 은퇴, 노후 준비를 거쳐 어디 병원의 그럴듯한 일인실에서 사망하기 위한 준비에 산만해지지 않기를 바랍니다. 무례와 혐오와 경쟁과 분열과 비교와 나태와 허무의 달콤함에 길들지 말길, 의미와 무의미의 온갖 폭력을 이겨 내고 하루하루를 온전히 경험하길, 그 끝에서 오래 기다리고 있는 낯선 나를 아무 아쉬움 없이 맞이하길 바랍니다.

졸업생 여러분, 오래 준비한 완성을 축하하고, 오늘의 새로운 시작을 축하합니다. 서로에게, 그리고 자신에게 친절하십시오. 그리고 그 친절을 먼 미래의 우리에게 잘 전달해 주길 바랍니다. 응원합니다. 축하합니다. 감사합니다."

그는 과거의 자신에게 해 주고 싶은 말을 생각하며 이 축사를 썼다고 한다. 왜냐하면 자신의 대학 생활은 잘 포장해서 이야기해도 길 잃음의 연속이었기 때문이다. 똑똑한데 성실하기까지 한 주위의 수많은 친구들을 보면서 자신 같은 사람은 뭘 하며 살아야 하나 고민했지만 쉽게 답은 보이지 않았다.

어린 시절 통계학과 교수였던 아버지는 그에게 수학 문제집을 풀어 보라고 권했다. 수학에 흥미가 없었던 그는 답안지를 몰래 베꼈고 이를 눈치챈 아버지는 답안지를 잘라 숨겼다. 하지만 그럼에도 문제집을 풀기 싫었던 그는 동네 서점에 가서 답을 베껴 왔다. 아버지는 그 일을 계기로 다시는 그에게 수학을 가르치지 않았다. 중학교 3학년 때는 수학 경시대회에 나가 볼까 잠깐 고민했지만 선생님은 그에게 "지금 시작하기엔 너무 늦었다"고 말했다. 그래서 그는 자신을 '수학을 못하는 아이'라고만 여겼다.

  그는 표현할 수 없는 것을 표현하고 싶었다. 시인이 된다면 가능할 것 같다는 생각에 고등학교를 자퇴했다. 그러나 시인이 되겠다는 꿈은 글쓰기에 한계를 느끼며 접었고 결국 검정고시와 재수 학원을 거쳐 서울대 물리학과에 진학했다. 하지만 진학 이후에도 여전히 마음을 잡지 못한 그는 마음을 끌어당기는 것을 찾아다니느라 학과 공부를 소홀히 해 F 학점이 수두룩했고 그 덕분에 대학을 6년이나 다녀야 했다. 방황하던 그를 안착시킨 것은 뜻밖의 '만남'이었다.

  하버드대 명예교수이자 《학문의 즐거움》의 저자인 히로나카 헤이스케가 서울대에서 수학을 가르치던 시기, 그는 교수의 수업을 듣고 수학에 관심을 가지게 되었다. 그래서 그는 어느 날 혼자 식사를 하고 있던 교수에게 일생일대의 용기를 내어 말을 걸었고 이후 둘은 매일 점심을 함께하게 되었다. 매일의 점심 시간은 질문과 사유, 그리고 삶의 방향을 배우는 시간이 되었고, 그는 수학을 배우면 '표현할 수 없는 것을 표현하는 일'이 가능할지도 모르겠다는 생각을 하게 되었다. 결국 그는 교수의 권유로 서울대 수학과 대학원에 진학했고 이후 수학은 그에게 살아가는 큰 의미가 되었다. 자신의 길을 돌아보며 그는 말했다.

"제가 걸어온 길이 구불구불하긴 했지만 저한테는 그게 가장 빠르고 최적화된 길이었던 것 같습니다."

지금 겪고 있는 시행착오들이 불필요한 과정이 아니라 어쩌면 훗날 멋진 곳으로 가기 위한 아주 중요한 단계일지도 모른다고, 우리가 살아가는 삶의 경로는 종종 돌아가고, 흔들리며, 예상과 다르게 펼쳐지지만 그 모든 경험은 결국 고스란히 쌓여서 의미를 갖게 된다고도 했다. 그는 자신이 지금 여기에 이르게 된 것은 '과거에 자신이 해 온 것들'과 '누군가가 건넨 친절' 덕분이라고 말했다. 그리고 지금 자신이 살아가는 것 또한 '미래의 자신에게 베푸는 친절'이라고 여겼다. 나는 그에게 마지막으로 물었다. 지금도 방황하고 있을 청년들에게 어떤 말을 해 주고 싶냐고. 그는 망설임 없이 답했다.

"근거 없는 자신감이 중요해요. 근거 있는 자신감은 너무 연약해요. 예를 들어 수학을 잘한다는 근거로 자신감을 쌓으면, 대학원이나 세상에 나가서 그보다 훨씬 잘하는 사람들을 만나면 그 자신감이 쉽게 깨져 버리죠. 결국 '내가 그렇게 특별한 사람이 아니었다'는 걸 깨닫고 충격을 받게 됩니다. 그러니까 자신감의 원동력을 외적인 성취나 비교에서 찾지 말고 보다 본질적인 데에서 그 자양분을 끌어올려야 해요. 왜냐하면 아무리 운 좋은 사람도 살면서 세 번은 반드시 힘든 과정에 놓이거든요. 그럴 때 근거 없는 자신감이 목표를 변경하도록 돕기도 하고, 기존 목표를 향해 더 나아갈 수 있게 만들면서 인생을 끝까지 잘 살아 낼 수 있게 하는 큰 힘이 되더라고요."

근거 없는 자신감을 괜한 허세의 상징으로만 여겨 왔던 나에게 허 교수의 말은 뜻밖의 깨달음을 주었다. 자신감의 원동력을 외부에서 찾는 한 나는 결코 진정한 자신감을 가질 수 없다는 사실을 말이다. 남보다 뛰어나게 잘하는 게 없으니까 나 자신을 초라하게 느끼는 게 당연하다 생각했지만 그게 아니었다. 돌이켜 보면 나는 남들에게는 늘 괜찮다고 말하면서 정작 나 자신한테는 한 번도 너그럽지 못했다. 조그만 실수라도 하면 어김없이 스스로를 탓했고, '나는 도대체 왜 이 모양일까?', '이게 다 나 때문이야', '이 정도밖에 못해?'라며 나 자신을 몰아세우기 급급했다. 내가 초라하다고 느낄수록 나를 더욱 가혹하게 채찍질해 왔던 것이다. 애쓰고 있는 나를 가장 가까이에서 격려하고 응원해야 할 사람은 바로 나 자신인데 말이다.

나는 그의 말대로 나한테 친절해지고 싶어졌다. 내가 초라하게 느껴질 때마다 스스로에게 친절하게 내미는 손, 나는 허준이 교수를 통해 그 손을 어떻게 내밀어야 할지를 배웠다. 내가 나에게 하는 부정적이고 가혹한 말들, 그 말들을 먼저 멈추어야 한다.

'남에게 피해 주지 말자'는 생각이 틀린 건 아니지만

 임상춘 작가의 드라마 '동백꽃 필 무렵'에서 잊히지 않는 장면 하나가 있다. 극 중 주인공인 동백이가 연쇄 살인마 몽타주 작성을 위해 경찰서에 가야 하는 날이었다. 하필 아들인 필구가 야구부 전지훈련을 마치고 돌아오는 날과 딱 겹치고 말았다. 아들을 마중 나갈 수 없었던 동백이는 고민 끝에 이웃인 준기 엄마를 찾아간다. 하지만 부탁하는 말을 꺼내는 것이 쉽지 않았다. 괜히 폐가 될 것 같아서. 동백이는 한참을 뜸 들이다가 준기 엄마의 눈을 제대로 보지 못한 채 기어들어 가는 목소리로 말한다.
 "그… 그래, 그래 가지고요… 몽타주? 그거를 완성해야 되는데, 한 두세 시간 정도 걸린다고. 근데 그게 경찰이라서, 제가 그 약속

을 미룰 수가 없어 가지고…."

정작 본론은 꺼내지도 못하는 동백이를 답답해하며, 준기 엄마가 말한다.

"뭐, 필구 맡아 달라고?"

"네, 그… 언니가 바쁘시죠?"

그러자 준기 엄마가 미간에 주름을 잡고 목에 핏대까지 세워 가며 말한다.

"얘, 너 너무 이렇게 예의 차려도 정이 안 가. 어? 필구랑 준기랑 죽고 못 사는 거 이 동네가 다 아는데 어떻게 이제야 처음으로 나한테 애 맡아 달라는 소릴 햐. 어? 그 소리를 뭘 그렇게 애를 쓰고 하고 자빠졌어?"

고개를 숙였던 동백이가 그제야 얼굴을 들며 묻는다.

"그러면 우리 필구 좀 맡겨도 되는 거였어요?"

"니가 필구를 맡겨야 나도 준기를 너한테 맡기고 계모임을 갈 거 아녀. 아, 왜 맨날 너만 새색시 내외하듯이 그랴? 너 참 내 말 유념해. 사람이 말이여, 서로 엉기고, 막 치대고, 어? 염치없고 그래야지 정도 들고 그러는겨."

"그러면 우리 필구 밥도 좀…."

"우리는 밥뿐만 아니라 똥도 닦아 줘, 우리는!"

그제야 동백이는 경직되어 있던 얼굴을 풀고 한결 가벼운 미소를 지으며 말한다.

"그러면 부탁 좀 드릴게요."

그동안 나도 동백이처럼 굴었던 때가 많았다. 부탁하는 것이 괜히 상대방에게 민폐가 될까 봐 조심스러웠고, 그러다 결국 말조차 꺼내지 못한 적도 많았다. 남이 나에게 부탁을 해 오면 웬만하면 들어주려 애쓰면서도 정작 나는 그러지 못한 것이다. 그런데 나는 그것이 이상하다거나 틀렸다고 생각해 본 적은 없다. 도저히 혼자 힘으로는 안 될 것 같은 문제를 만나도 당연히 그 문제를 푸는 건 내 몫이라고 여겼다. 아니, 그렇게 하는 것이 독립적인 인간의 바람직한 자세라고 생각했다.

그런데 드라마의 그 장면을 보며 처음으로 준기 엄마의 입장을 생각해 보게 되었다. 자신은 똥까지 닦아 줄 만큼, 격 없이 도와줄 준비가 되어 있는데 정작 그 앞에서 상대가 작은 부탁조차 망설이며 말 꺼내기를 주저한다면 얼마나 서운할까. 우리 사이가 가깝다고 믿고 있었는데 상대가 깍듯이 예의를 차리는 모습을 보며 오히려 벽을 느끼지 않을까. 준기 엄마의 말처럼 서로 엉키며 흠도 보여 주고, 신세도 질 줄 알아야 상대도 편안해하지 않을까. 때로는 맨얼굴로 약한 모습도 자연스럽게 보여 줄 수 있을 때 관계가 익어 갈 수 있지 않을까.

하지만 그럼에도 누군가에게 도와 달라는 말을 하는 게 맘처럼 쉽지 않았다. 나의 약한 모습을 드러냈다가 상대방이 실망할까 두려웠고, 혹시나 거절당하면 상처받을까 봐 두렵기도 했다.

그런데 언젠가부터 그런 나에게 신기한 한 사람이 눈에 들어오기 시작했다. 우연히 찾게 된 작은 찻집, 테이블이 많지 않다 보니 나는 어느새 주인과 마주 보는 바 자리에 앉게 되었다. 그래서 자연스럽게 몇 마디를 주고받던 중, 그녀는 이것도 맛보라며 다른 차와 간식을 내어 주었다. 처음 만났는데도 대화는 술술 풀렸고 그러다 보니 오가는 대화는 자연스럽게 깊어졌다. 얼마 지나지 않아 나는 다시 그 찻집을 찾게 되었고 자연스럽게 단골이 되었다.

그런데 그곳에는 나 외에도 편하게 찾아오는 손님들이 정말 많았다. 경상남도 창녕 출신으로 어머니가 내려 준 차를 마시며 위로받았던 마음을 남들에게도 전해 주고 싶어서 찻집을 열었다는 주인은 언제나 손님이 오면 반갑게 맞이하며 잘 지냈냐고, 밥은 먹었냐는 말을 빠짐없이 건넸다. 서울에서 나고 자란 나에게 찻집 주인이 "식사하셨어요?"라고 인사를 건네는 풍경은 조금은 낯설었지만 정감이 느껴져서 좋았다.

그러던 어느 날 그녀가 초콜릿 하나를 자랑하듯 보여 주었다. BTS 멤버 얼굴이 패키지에 인쇄된 초콜릿이었다. 그녀는 BTS 멤버 7명 중 한 명의 얼굴이 인쇄된 초콜릿을 구하지 못해 아쉬워하고 있었는데 친한 친구가 회사 근처 편의점을 샅샅이 뒤져서 구해다 주었다고 했다. 그녀가 BTS의 열렬한 팬임을 알고 있었지만 초콜릿 하나로 세상을 다 얻은 것 같은 그녀를 보니 웃음이 났다. 그리고 그녀를 위해 여러 편의점을 돌아다니는 수고를 마다않는 친구가 있다는 게 부럽기도 했다.

얼마 뒤 찻집을 다시 찾았을 때였다. 그녀는 나에게 저녁때

BTS 콘서트 티켓 예매가 시작되는데 꼭 성공하고 싶다며 의지를 불태웠다. 친한 친구들한테도 저녁 8시에 시작하는 티켓 예매에 참여해 달라고 부탁했단다. 그 말을 듣고 나는 속으로 많이 놀랐다. 나 같으면 절대 그런 부탁을 못 했을 것 같았기 때문이다. 친구가 부담스러워하지 않을까, 바쁠 때인데 괜히 나 때문에 시간을 빼앗는 것이 미안해서 말도 못 꺼냈을 것이다.

결국 그녀는 티켓팅에 성공했다. 그녀는 실패했지만 한 친구가 남자 친구와 데이트 중 일부러 PC방을 찾아가 기어코 예매에 성공한 것이었다. 아무렇지 않게 부탁하는 그녀와 그 부탁을 기꺼이 들어주는 친구들. 그녀가 아무렇지 않게 부탁을 할 수 있었던 건 자신 또한 친구들 일이라면 당연히 발 벗고 나설 게 너무나 분명했기 때문일 것이다. 나는 그녀에게 말했다.

"저는 그런 부탁을 잘 못해요. 폐가 될까 봐, 또 거절당하면 어쩌나 하는 마음도 크고요."

그때 그녀가 무슨 소리냐는 얼굴로 웃으며 말했다.

"감독님, 주위에 감독님을 좋아하는 사람들이 얼마나 많은데요. 말만 하면 들어줄 사람들이 많은데, 감독님이 못하시는 거예요. 저도 있잖아요."

그러면서 얼마든 부탁하라는 듯이 엄지손가락으로 자신을 가리키는 그녀가 얼마나 든든했는지 모른다. '남에게 피해 주지 말자'는 생각이 틀린 건 아니지만, 그것이 오히려 상대에게 벽을 세우는 일처럼 느끼게 만들지는 말아야겠다고 생각했다. 힘든 일이 있으면 도와 달라고 말하고, 신세 질 줄도 알고, 그렇게 서로 엉키고 흠도 보여 주면서 자연스럽게 익어 가는 관계를 만들고 싶다고. 그러니 동백이가 그랬듯 용기를 내 보자고.

태어난 것으로 이미 목적을 다했어

　철학이란 말조차 낯설던 어린 시절, 나는 이미 철학자와 자라고 있었다. 그의 이름은 가수 신해철이었다. 늦은 밤 거리를 걷다 "아침엔 우유 한 잔 점심엔 패스트푸드 쫓기는 사람처럼 시곗바늘 보면서 거리를 가득 메운 자동차 경적 소리 어깨를 늘어뜨린 학생들… 모두 다 똑같은 얼굴을 하고 손을 내밀어 악수하지만 가슴속에는 모두 다른 마음 각자 걸어가고 있는 거야 아무런 말 없이 어디로 가는가 함께 있지만 외로운 사람들"이라는 그의 노래 '도시인'을 들으면 왠지 모르게 공감이 되었고, 대학 입시만 바라보며 달려가는 내게 "이제 나의 친구들은 더 이상 우리가 사랑했던 동화 속의 주인공들을 이야기하지 않는다 고흐의 불꽃같은 삶도, 니체의 상처 입은 분노도 스스로의 현실엔 더 이상 도움 될 것이 없다 말한다 전망 좋은 직장과 가족 안에서의 안정과 은행 구좌의 잔고 액수가 모든 가치의 척도인가 돈, 큰 집, 빠른 차, 여자, 명성, 사회적 지위 그런 것들에 과연 우리의 행복이 있을까"라고 묻는 '나에게 쓰는 편지'는 큰 깨달음을 주었다.

하지만 그때까지만 해도 그의 노래를, 그리고 그를 이렇게까지 좋아하게 될 줄은 몰랐다. 어른이 되어 "나의 눈에 비친 세상은 학교에서 배웠던 것처럼 아름답지만은 않았었지"라는 가사를 피부로 느끼고, "자랑할 것은 없지만 부끄럽고 싶지 않은 나의 길"을 찾는 것이 얼마나 어려운지 깨닫게 되자 그의 노래가 콕콕 가슴에 박혀 왔다. 어릴 때부터 들어 왔던 그의 노래가 나의 길을 단단하게 걸어가기 위해 미리 맞은 백신처럼 느껴지기도 했다.

그런데 그는 뮤지션이라는 틀에만 머물지 않았다. 사회 문제에 대해서도 아니다 싶으면 특유의 촌철살인과도 같은 일갈을 퍼부으며 자신의 의견을 피력하기를 주저하지 않았다. 그래서 토론 프로그램에 나가 간통제 폐지, 학교 체벌 금지를 주장했고, 동성동본 결혼 금지로 인해 고통받는 이들을 위해서는 '힘겨워하는 연인들을 위하여'라는 노래를 만들었다. 그는 음악 평론가 강헌의 말처럼 '사회적 약자에게 관용을 베풀지 않는 다양한 악덕에 대해 온몸으로 분노한 사람'이었다.

덕분에 그는 '하도 욕을 먹어 영생할 것'이라는 농담을 할 만큼 논란의 주인공이 되었고 수많은 사람들에게 지탄의 대상이 되기도 했다. 때론 외롭고 때론 지치기도 했을 텐데 그럼에도 그는 주저하지 않았다. 그는 《마왕 신해철》에서 이렇게 밝힌 바 있다.

"어떤 사람들은 나에게 이렇게 질문을 한다. 무섭지 않냐고. 남들이 말하는 안전한 삶의 규칙을 자꾸 위반할 때마다 겁나지 않냐고. 대답은 너무나 당연하다. 무섭다. 나도 사람인데. 그렇지만 내가 겁이 없어서가 아니라 정말로 정말로 겁이 많기 때문에 나는 내 나름의 삶의 방식을 택했다. 남들이 똑같이 걷는 길에서 낙오하는 것에 대한 무서움보다 내가 진실로 원하는 나의 삶을 살지 못하는 것에 대한 무서움이 훨씬 더 엄청나게 무서웠기 때문에 그냥 나의 방식을 택했다. 공포로써 공포를 제압했달까."

그런데 내가 그를 좋아한 결정적인 이유는 그가 음악을 하는 사람으로서, 부모로서, 남편으로서, 무엇보다 한 사람의 시민으로서 누구보다 뜨겁게 삶을 사랑했기 때문이다. 특히나 그가 앨범 쇼케이스에서 한 말은 나 스스로가 초라하고 작게 느껴졌을 때 울컥할 만큼 큰 힘이 되었다.

"우리 인간은 종으로서는 우주의 임무를 갖고 있는지 몰라도 우리 개인은 목적이 하나밖에 없어. 왜, 인간이 태어났을 때 소명을 가지고 태어난다잖아. 세상에서의 쓰임새, 뭐 그런 거. 그런 거 없어. 태어난 게 목적이야. 목적을 다했어. 그럼 지금 살고 있는 우리 시간은 뭐냐고? 신이 우리를 예뻐해서 보내 준 보너스 게임이야. '내일 나는 행복해질 거야', '내일 더 나은 모습이 될 거야'가 아니라 오늘로도 충분한 거야."

2014년 10월 27일, 그처럼 어릴 적 나에게 처음으로 철학을 알려 줬던, 어른이 되어서도 자꾸만 흔들리고 방황하는 나를 토닥여 준 신해철이 46세의 나이에 의료 사고로 갑자기 세상을 떠났다. 그 소식을 접했을 때 말로 표현하기 어려울 정도로 마음이 아팠다. 늘 우리 곁에 오래 머물러 주기를 바라는 사람들은 일찍 우리를 떠나는 것만 같았다.

나는 버스를 타고 마지막 인사를 하기 위해 장례식장으로 갔다. 장례식장에는 그가 생전에 농담처럼 장례식장에 틀어 달라고 했던 '민물 장어의 꿈'이 울려 퍼지고 있었고, 다양한 연령대의 수많은 조문객 행렬이 그의 죽음을 슬퍼하고 있었다. 나는 조문을 마치고 나와서도 한동안 그 주변을 떠나지 못했다. 그의 허망한 죽음이 믿기지 않은 탓이었다.

그가 떠난 지도 벌써 10년이 넘었다. 하지만 요즘도 가끔 삶이 어지럽고 방향을 잡기 어려울 때면 그가 생각난다. 그리고 나이 든 얼굴을 한, 한 번도 본 적 없는 그를 마음속에 그리며 그라면 어떻게 말했을까 상상해 본다. 아마도 그가 생전에 말했던 것과 똑같이 말하지 않을까. 지금 삶은 보너스 게임이라고, 오늘을 살아 내는 것만으로도 이미 충분히 잘하고 있는 것이라고.

현명한 어른들의 공통점

 작년 가을 서울대 다양성위원회와 중앙도서관이 주최한 행사에 초청되어 강연을 한 적이 있다. 강연을 앞두고 학생들로부터 받은 사전 질문지에는 다양한 내용들이 담겨 있었는데, 그중 몇몇 질문은 서로 닮아 있었다.
 '편견 없이 사람을 대하는 태도가 있을까요?'
 '당장 손해가 나더라도 옳은 선택을 해야 하는 이유는 뭘까요?'
 '사람이 미워질 때, 어떻게 마음을 다잡을 수 있을까요?'
 '계산적으로 인간관계를 맺지 않을 수 있을까요?'
 '진심으로 대하면 이용당하는 기분이 드는데, 그래도 이런 마음을 지켜 갈 수 있을까요?'

질문들을 읽고 있노라니 학생들의 마음이 나에게 고스란히 전해지는 듯했다. 세상은 갈수록 사람을 쉽게 믿지 말고, 이해타산에 맞는 관계를 맺어야 성공한다고 말한다. 그런 세상 속에서 학생들은 타인을 진심으로 대하고 사람을 믿으며 살아갈 수 있는지를 묻고 있었다. 그 마음들이 안타까우면서도 한편으론 안도감을 느꼈다.

 어차피 인생은 혼자 사는 거라며 일찌감치 그 누구도 믿지 않겠다 마음먹었다면 그런 고민조차 하지 않았을 것이다. 그럼에도 사람들과 어울려 잘 지내고 싶은 마음이 있기에 그런 고민을 하게 되는 게 아닐까. 어려움에 처한 타인을 보면 마음이 쓰이고, 자꾸만 계산적으로 변해 가는 내가 싫고, 상처받더라도 다시 사람을 믿어 보고 싶은 게 아닐까.

 문제는 내가 그들이 찾고 있는 대답을 해 줄 수 있을지 자신이 없다는 것이었다. 그때 문득 방송 촬영으로 만나게 된 한 할머니가 떠올랐다. 마을 주민이라고 해 봐야 몇 되지 않는 작은 섬에 갔을 때였다. 가뜩이나 얼마 되지 않는 주민들이 밭일과 바다 일로 바쁜 탓에 그들을 만나는 것도, 말을 건네기도 쉽지 않았다. 결국 마을을 몇 바퀴 돌았지만 아무도 인터뷰를 못 했고, 주어진 시간 안에 섬의 일상을 잘 담아낼 수 있을지 걱정이 몰려왔다.

 그때였다. 저쪽 길 끝에서 한 할머니가 빠른 걸음으로 다가왔다. 마늘을 심고 이제 다른 집으로 밭일을 도우러 가는 중이라고 했다. 그런데 할머니는 급한 걸음에도 어디서 왔는지, 무슨 일로 이곳에 왔는지 물으며 낯선 나를 챙기는 일을 잊지 않았다. 방송 촬영을 해야 하는데 아직 아무것도 담지 못했다고 솔직하게 말하자 할머니는 잠시 고민하더니 자신을 따라오라며 마당 옆 창고로 갔다.

창고 문이 열리자 그 안에는 할머니의 시간만큼이나 오래된 물건들이 가득했다. 바쁜 틈에도 할머니는 물건들을 하나씩 꺼내며 그에 얽힌 이야기를 들려주기 시작했다. 물이 귀하던 시절 물을 길어 나르던 양동이, 미역을 말리던 나무판, 나물을 담던 소쿠리… 나는 갑자기 쏟아진 보석들을 하나하나 주워 담는 마음으로 그 장면을 기록했다. 이윽고 할머니는 이젠 정말 일을 하러 가야 한다며 빠른 걸음으로 사라졌다.

할머니 덕분에 마을의 역사가 깃든 귀한 장면을 담아낼 수 있었고, 그 일로 자신감을 얻은 나는 다른 마을 사람들의 이야기도 차례로 담을 수 있었다. 촬영이 끝나고 고마운 마음을 전하고 싶어 할머니를 찾아보았지만 좀처럼 보이지 않았다. 밭일을 마친 할머니들이 모여 음식을 먹고 쉬는 마을 회관에도 그녀는 보이지 않았다. 결국 나는 밤이 되어 깜깜한 골목길을 따라 할머니 댁을 찾았다. 불 켜진 창이 반가워 "할머니" 하고 부르자, 곧 "들어와" 하는 목소리가 들려왔다. 방에 들어서자 낮의 활기찼던 모습은 간데없고 피로에 지친 할머니가 보였다.

하루 종일 많이 바빴는데 나한테 시간을 내 주느라 일이 더 늦어진 건 아닌지 괜히 미안한 마음이 들었다. 그런데도 할머니는 이 시간까지 계속 촬영거리를 찾아다녔냐고, 밥은 먹었냐며 자꾸 내 걱정만 했다. 왜 그렇게 나를 챙겨 주냐고 묻자 할머니가 말했다.

"내가 예전에 자식들 학교 보내려고 청소일을 한 적이 있어. 그때 윗사람들 눈치 보며 마음 어려웠던 기억이 있어서, 아가씨가 혼자 애쓰는 걸 그냥 두고 볼 수가 없었어. 어떻게든 해내야 인정도 받고, 싫은 소리도 안 들을 텐데 싶어서."

오랜만의 방송 촬영이었고, 보란 듯이 잘해 내고 싶었지만 상황이 여의치 않아 자꾸만 위축되는 마음을 다독이던 참이었다. 그 마음이 할머니 눈에도 비쳤는지, 무심한 척 나를 그렇게 살뜰히 챙겨 준 거였다. 그 마음이 너무 고마워 눈물이 날 것만 같았다.

할머니는 이제 정말 자야겠다며 이부자리를 펴다가 힘든 듯 끙끙 앓는 소리를 냈다. 어디가 아프냐고 묻자 할머니가 바지를 걷어 무릎을 보여 주는데, 빨갛게 부어 있었다.

"할머니, 파스 없어요?"

"응, 시골에선 파스가 귀해."

이불을 덮고 잠을 청하면서도 통증이 쉬이 사라지지 않는지, 할머니는 눈을 질끈 감고 있었다. 나는 할머니 무릎 위에 손을 얹고 말했다.

"무릎아, 무릎아, 내일 되면 다 나아라. 할머니 안 아프게 싹 나아라."

그 순간 할머니가 지은 미소는 지금도 잊히지 않는다. 한껏 사랑받는 아이 같은 얼굴이었다. 집을 나와 깜깜한 골목을 걷는데 박노해 시인의 '그 겨울의 시'가 생각났다.

> 문풍지 우는 겨울밤이면
> 윗목 물그릇에 살얼음이 어는데
> 할머니는 이불 속에서
> 어린 나를 품어 안고
> 몇 번이고 혼잣말로 중얼거리시네
>
> 오늘 밤 장터의 거지들은 괜찮을랑가
> 소금창고 옆 문둥이는 얼어 죽지 않을랑가
> 뒷산에 노루 토끼들은 굶어 죽지 않을랑가
>
> 아 나는 지상에서 가장 아름다운
> 시 낭송을 들으며 잠이 들곤 했었네

방 안에 있는 물그릇에 살얼음이 얼 정도면 얼마나 추운 겨울밤이었을까. 할머니는 이불 속에서 오돌오돌 떠는 손자를 품어 안고 자신들이 무사하기를 기도해도 모자랄 판에 거지와 문둥이(한센병 환자를 낮추어 부르는 말)와 노루, 토끼들의 안부를 걱정한다. 이 세상의 모든 생명을 향한 따스한 마음이 없다면 그 추위 속에서 그런 기도를 할 수 있었을까. 그래서 소년은 고백한다. 그것이야말로 지상에서 가장 아름다운 시 낭송이었다고.

　시 속의 할머니처럼, 무릎이 아파도 생계를 잇기 위해 쉴 수 없었던 섬 할머니는 바쁘다고 말하면서도 살뜰히 나를 챙겨 주었다. 돌아보면 '다큐 3일'과 '유 퀴즈'를 통해 만난 이들 중에는 그런 사람들이 있었다. 고립된 겨울 산 속에서 나에게 자신의 끼니를 선뜻 내어 준 사람들, 배의 좁은 휴게 공간을 기꺼이 내어 준 사람들, 수술실 앞에서 고생이 많다며 물 한 잔 챙겨 준 보호자들… 도저히 그럴 수 없는 형편에서도 먼저 손을 내밀고 나를 챙겨 준 사람들 덕에 나는 세상이 살 만하다고, 나 또한 타인의 어려움을 모른 체하지 않고 먼저 손 내밀 줄 아는 사람이 되어야겠다고 다짐하곤 했었다. 믿었던 사람의 배신이나 타인의 무례한 행동 앞에서 때론 잠깐씩 흔들리긴 했지만 그 다짐을 버린 적은 없다. 어려운 상황에 있으면서도 나를 안쓰러워하고, 혼자 애쓰는 걸 두고 볼 수 없어 뭐든 해 주고 싶어 하는 다정한 사람들 덕분에 지금의 내가 있다고 생각하기 때문이다.

　그래서 나는 아주 홀가분한 마음으로 대답을 기다리는 학생들에게 말할 수 있었다. 사람을 믿었다가 혹여 크게 상처입는 일이 있더라도 훌훌 털어 버리고 일어났으면 좋겠다고. 내가 만난 현명한 어른들은 어떤 상황에서도 타인에 대한 다정함을 잃지 않았다고. 그들은 모두 내게 조금은 손해 보며 사는 게 마음 편히 잘 사는 법이라고 말했는데, 이제는 나도 그 의미를 알 것 같다고.

　세상에 손해 보며 살고 싶은 사람이 어디 있을까. 하지만 손해를 보지 않으려는 마음이 커지면 매사에 계산적이고 따지는 게 많아지며 그럴수록 주변에 사람이 없게 된다. 즉, 손해를 보지 않으려는 마음이 나를 지켜 주는 게 아니라 나를 고립시키는 결과를 낳게 되는 것이다.

그리고 살다 보면 나는 별것 아닌 작은 도움을 줬다고 생각하지만 누군가에겐 오래도록 기억되는 일이 된다. 그리고 그것은 언젠가 예상치 못한 순간에 큰 따뜻함으로 돌아오기도 한다. 당장엔 손해 같아 보여도 그것이 훗날 어떻게 돌아올지 아무도 모른다는 것이다. 반대로 당장엔 이익을 보는 것 같은데 그것이 독이 되어 돌아올 수도 있다. 그래서 《혼자만 잘 살믄 무슨 재민겨》로 많은 이들의 마음을 울린 전우익 선생이 그렇게 말한 게 아닐까.

"혼자만 잘 살믄 별 재미 없니더. 뭐든 여럿이 노나 갖고 모자란 곳을 두루 살피면서 채워 주는 것, 그게 재미난 삶 아니껴."

그래서 나는 혼자만 잘 사는 삶보다 내 곁의 사람들과 함께 잘 살아가길 바란다. 별것 아닌 것도 함께여서 즐겁고, 작은 것도 나누며 그렇게 나이 들어 가길 바란다.

내가 나의 심장을 믿어 보기로 한 까닭

2022년 10월 26일 경북 봉화군의 아연 광산이 무너지면서 광부 2명이 지하 갱도에 고립되는 사고가 발생했다. 언론은 다음 날, 다다음 날 계속 그에 대해 보도하며 그들의 무사 생환을 기원했지만 사고가 발생한 지 6~7일이 넘어가자 그들의 생사 여부조차 확인이 안 되고 있다는 우려의 기사들이 쏟아지기 시작했다. 그런데 사고가 난 지 221시간(약 10일) 만에 그들이 기적적으로 살아 돌아왔다.

어떻게 그들은 지하 갱도에서 10일 동안이나 버틸 수 있었을까. 27년 경력의 베테랑 광부인 박정하 씨는 고립되던 순간을 정확하게 기억하고 있었다. 오후 출근조라서 4시에 입갱했는데 5시

38분에 광산이 무너지기 시작했다. 고립된 곳은 지하 190미터로 아파트로 치면 60층 높이에 해당되는 지하 공간이었다. 엄청난 굉음과 함께 암석과 토사물이 쏟아져 내렸고 2시간 뒤 잠잠해져서 확인해 보니 출입구 쪽이 파이프와 나무 등이 얽혀 있어 도저히 빠져나갈 수 없는 상태였다.

하지만 그는 분명 동료들이 자신들을 구출해 줄 것이라 믿었다. 그래서 막장일을 시작한 지 나흘밖에 안 되어 두려움에 떨고 있는 신참을 다독이며 비닐로 천막을 두르고, 긴 판장을 잘라 모닥불을 피워 체온을 유지했다.

고립 2일 차에는 괭이 두 자루를 이용해 탈출구를 마련하고자 10미터가량 굴을 팠다. 하지만 그 안쪽도 이미 붕괴가 된 상황이었다. 더 이상은 무리라고 판단한 그들은 철수를 선택할 수밖에 없었다. 먹을 것이 아무것도 없는 상황에서 유일한 식량은 고립 당시 가지고 있던 커피믹스 30개였다.

"전기가 나가서 커피포트를 사용할 수 없는 상황이라 모닥불에 커피를 끓여 먹었어요. 그게 식사 대용이 되더라고요. 그런데 4일 차 되니까 커피믹스도 다 떨어져 먹을 게 물밖에 없었어요. 암반에 스며든 물을 통에 받아 먹었는데 금속 광산이다 보니 냄새가 났어요. 그래도 저는 꾹 참고 먹었지만 신참은 먹고 토하고 그랬죠."

게다가 구조 작업을 하면 발생하는 발파 소리나 기계 소리가 너무 멀리서 들렸다. 자신들이 있는 지점을 잘못 알고 있는 것 같아 불안했다. 그럴 때마다 그는 옆에 있는 신참을 보며 혼자가 아니라서 정말 다행이라는 생각을 했다. 그는 유일한 버팀목인 신참이 조금이라도 안정을 되찾았으면 하는 마음에 전기가 끊겨서 수신이 안 되는 인터폰을 들고 농담을 하기도 했다.

"여기 지하 3편인데요. 오리 백숙 하나 끓여 주세요. 혹시 전복 있으면 두세 마리 넣어서요. 언제 나올 거냐고요? 그건 잘 모르겠어요. 일단 끓여 놓으세요."

다행히 신참은 그의 농담에 웃음을 터트렸고 그도 따라 웃었다. 하지만 고립된 지 일주일이 지나가자 육체와 정신의 에너지가 바닥이 나기 시작했다. 고립 9일 차가 되었을 때 신참이 마지막으로 매몰 지점으로 가서 한 번만 더 구조 요청을 해 보자고 했다. 그런데 헤드랜턴을 켜니까 불이 깜빡거리기 시작했다. 그는 순간 처음으로 두려움을 느꼈다. 그 불마저 꺼져 버리면 암흑 속에서 아무것도 보이지 않아, 한 발짝 움직이는 것조차 힘들어지기 때문이다.

그는 애써 두려움을 떨쳐 내며 신참과 함께 매몰 지점으로 가서 바깥으로 연결되어 있는 파이프를 때리고, 있는 힘껏 소리치며 구조 요청을 했다. 우리가 여기 있다고, 제발 여기로 와서 우리를 구해 달라고.

하지만 1시간이 지나도 아무 반응이 없었다. 무거운 마음으로 있던 자리로 돌아왔는데 나무 장작도 6개밖에 남지 않았음을 알게 되었다. 이대로 죽는 걸까, 그는 죽음이 문턱까지 왔다는 생각에 아찔했지만 이내 정신을 차리고 신참에게 말했다.

"그래도 우리, 안 죽고 살아 있잖아."

그리고 두세 시간쯤 흘렀을까. 발파 소리와 함께 어둠을 뚫고 빛이 들어왔다. 자신들의 믿음에 화답하기라도 하듯 동료들이 결국 그들을 찾아낸 것이었다. 그렇게 그와 신참은 10일 만에 기적적으로 무사 생환했고, 사람들은 극한의 상황에서도 10일 동안이나 버텨 낸 그들의 강한 정신력에 놀라움과 찬사를 보냈다.

나는 박정하 씨가 갱도를 걸어 나오는 모습을 보면서 불현듯 예전에 취재했던 흉부외과 수술실이 떠올랐다. 그날 수술실에서는 75세 환자의 심장판막 교체 수술이 진행되고 있었다. 쉽지 않은 수술인 만큼 의사들은 극도로 긴장한 상태였고, 한편에서 수술을 지켜 보고 있는 실습생도 마찬가지였다. 6시간의 긴 사투 끝에 수술이 성공적으로 끝나자 다들 안도의 한숨을 내쉬었다. 그런데 집도의가 갑자기 실습생을 곁으로 불렀다. 실습생에게 심장을 직접 보여 주기 위해서였다.

"살짝 잡아서 심장 뛰는 걸 느껴 볼래? 좌심실이 수축하는 힘이 느껴져? 이게 우리 가슴 안에서 뛰고 있는 거야. 생각했던 것보다 엄청 힘이 세지?"

나는 실습생에게 책과 동영상을 통해서만 보던 심장을 직접 만져 본 느낌이 어떠냐고 물었다. 그러자 그는 상상했던 것 이상으로 심장이 강하게 뛰고 있다고 말했다. 쿵쾅쿵쾅, 그것이 가슴 안에서 계속 뛰고 있다는 게 불안할 정도로 그 힘이 강하다고도 했다. 마치 성난 황소의 발길질 같달까. 나는 기적적으로 갱도를 걸어나오는 광부를 보며 열흘 동안 1분 1초도 쉬지 않고 성난 황소처럼 강하게 뛰고 있었을 그의 심장을 상상했다.

생각해 보면 살아 있는 한 심장은 절대로 멈추지 않는다. 그리고 그 어떤 순간에도 무서울 만큼 자신의 본분을 다한다. 박정하 씨가 고립된 첫날에도, 10일 뒤 구출된 날에도 어김없이 심장은 뛰고 있었다. 그러니 인간이 살겠다고 굳게 마음먹으면 어디까지 버틸 수 있을지 아무도 모르는 일 아닐까. 그래서 나는 뭐든 지레 겁먹고 포기하기보다 일단 포기하지 않는 쪽을 선택하기로 한다. 내가 어느 만큼 버틸 수 있을지는 결국 부딪쳐 봐야 알 일이다. 나는 그렇게 지금도 강하게 뛰고 있는 심장을 굳게 믿어 보기로 한다.

글씨를 반듯하게 써야 하는 이유

내겐 쿨하고 담백한 성격을 가진 십년지기 친구가 있다. 그녀의 시원시원한 성격은 평소 태도뿐 아니라 대화에서도 잘 드러난다. 그런데 최근 들어 메신저에서 느껴지는 그녀의 말투가 미묘하지만 조금 달라졌다는 느낌이 들었다. 예전엔 할 말만 정확하게 하고 군더더기가 없었던 반면 얼마 전부터는 왠지 모르게 부드럽고 따스해졌달까. 커피 한잔하며 나는 그녀에게 물었다.
"요즘 좋은 일 있어? 대화할 때마다 기분이 좋아 보이더라고."
"나 요즘 매일 아침마다 아주 애를 쓰고 있거든."
사실은 이러했다. 그녀에겐 아홉 살 난 딸이 있다. 어느 날 그녀는 알림장을 체크하다 삐뚤빼뚤 날려 쓴 딸의 글씨를 보게 되었다. 공부에 뜻이 없어 영어와 수학을 잘 못하는 건 괜찮았다. 그런데 글씨를 대충 날려 쓰는 건 그냥 두면 안 될 것 같았다. 사람도 척추가 바로 서야 건강하게 살아갈 수 있듯 글자를 정성 들여 반듯하게 쓰는 게 모든 배움의 근본이라고 생각했기 때문이다. 글자를 또박또박 마음을 다해 쓴다면 일상의 다른 것들도 자연스럽게 마음을 다하게 될 거라고.

그녀는 딸에게 어떻게 얘기해야 할지 고민했다. "글자를 똑바로 써야지"라고 하면 "응"이라고 대답할 테지만 돌아서서는 결국 그 버릇을 못 고칠 것 같았다. 며칠을 고민한 끝에 그녀는 알림장에 편지를 남기기로 했다.

'사랑하는 내 아기, 리우야.

글씨는 마음을 보여 주는 거울이야.

그러니까 또박또박 정성스럽게 공들여서 예쁘게 쓰자.

글자를 예쁘게 쓰는 것도 연습과 노력이 필요해.

늘 응원할게.

세상에서 가장 사랑해.'

딸에게 엄마의 진심이 전해졌던 걸까. 친구가 알림장을 보여 주는데 왼쪽 페이지엔 칸을 무시한 채 삐뚤빼뚤 쓴 딸의 글씨가, 엄마의 편지를 보고 나서 쓴 오른쪽 페이지엔 칸에 딱 맞춰 정성스럽게 꾹꾹 눌러 쓴 딸의 글씨가 보였다. 너무나 달라진 아이의 글씨를 보니 절로 웃음이 났다. 엄마의 편지 한 통에 글을 예쁘게 쓰기로 마음을 먹은 아이가 기특하기도 했다.

딸의 예쁜 글씨를 보고 가슴이 뭉클해진 친구는 그 뒤 매일 아침 출근 전 딸의 알림장에 편지를 쓰기 시작했다. 아이가 글을 쓸 때 공들여 썼으면 하는 마음을 담아 해 주고 싶은 이야기를 또박또박 정성스럽게 써 내려간 것이다. 오늘은 어떤 말을 해 줄까 고민하고, 그걸 써 내려가는 일은 쉽지 않았지만 그럴 때마다 딸의 반듯한 글씨를 보며 마음을 다잡았다.

그런데 편지로 변한 건 딸뿐만이 아니었다. 매일, 하루를 좋은 기운을 담은 글쓰기로 시작하다 보니 친구의 하루도 달라지기 시작했다. 그 전날 안 좋았던 일들도 좋은 마음으로 털어 낼 수 있었고, 일상을 바라보는 시선도 한층 따스하고 아름다워졌다. 친구의 그런 변화가 카톡을 통해 나에게도 전해져 온 것이리라. 친구는 어제 처음으로 딸이 답장을 남겼다며 내게 사진을 보냈다.

'리우는 엄마 애기 평생 애기'

모녀간의 애정이 듬뿍 담겨 있는 알림장. 딸이 나중에 커서 알림장을 보면 어떤 생각을 할까. 엄마의 사랑이 담긴 알림장이 아이에게 얼마나 큰 자산이자 힘이 될까.

얼마 전이었다. 나는 거실에서 푸르게 잘 크고 있는 식물들을 보며 엄마에게 말했다.

"우리 집 식물들은 왜 이렇게 쑥쑥 잘 크지?"

식탁을 정리하던 엄마가 무심히 말했다.

"내가 사랑으로 잘 키우니까 그렇지. 우리 딸한테처럼."

갑작스러운 엄마의 사랑 고백에 가슴이 먹먹해졌다. 나는 다시 한번 식물들을 바라봤다. 푸릇푸릇하게 반짝이는 잎, 힘차게 뻗은 줄기들. 나도 저렇게 자라 온 걸까. 그 순간만큼은 세상 그 무엇도 부럽지 않았다. 그래서 부모 교육 전문가인 윤지영 작가가 그렇게 말했나 보다. 부모의 옳은 말 백 마디보다 좋은 말 한 마디가 아이를 자라게 한다고.

수능 최고령 응시자 할머니가 나에게 해 준 말

어느 예능 프로그램에서 방송인 이경규가 지나가는 아이에게 "훌륭한 사람이 돼라"라고 말하자 가수 이효리는 "그냥 아무나 돼"라고 했다. 꿈을 갖고 치열하게 노력해 자신이 원하는 사람이 되는 것도 좋지만 그저 살아가는 것 자체로도 충분하다는 뜻이었을 것이다. 남들이 알아주는 훌륭한 사람이 되지 않았다고 해서 가치 없는 인생은 아니니까 말이다.

하지만 그것이 '꿈'을 가지고 살아가는 인생을 폄하하는 말은 결코 아니다. 자기 뜻과는 상관없이 남들이 좋다는 걸 꿈꾸고 그걸 좇는 사람은 매사 남들의 평가에 휘둘리고 실패를 하는 순간 인생이 끝났다고 생각한다. 하지만 남들이 뭐라든 자신이 하고 싶은 걸 알고 있는 사람은 실패를 해도 무너지지 않는다. 다시 도전하면 그만이기 때문이다. 그래서 누군가에겐 꿈을 갖고 산다는 것, 그 자체가 살아갈 힘이 되기도 한다.

예전에 죽을 때까지 꿈을 놓지 않겠다는 한 할머니를 취재한 적이 있다. 김정자, 그녀는 8남매 중 맏딸로 태어나 초등학교에 들어갈 즈음 6.25 전쟁이 나서 피난을 가야 했고, 그 이후에는 생계를 책임져야 해서 학교 문턱을 밟아 본 일이 없다. 결혼 후에도 형편은 나아지지 않았다. 부엌도 없이 아궁이만 하나 있는 방에서 3남매를 키우며 목욕탕 청소, 음식 배달, 가사 도우미 일까지 닥치는 대로 일했다. 아이들이 꼭 대학에 가고 좋은 직장에 들어가서 자신처럼 살지 않기를 바랐기 때문이다.

어느덧 노년이 되어 한국외대 앞에서 작은 식당을 하던 어느 날이었다. 한 학생이 국어 교과서를 들고 식당에 들어왔다. 학생은 학교에 다니지 못한 게 한이 된다는 어머니에게 지금이라도 늦지 않았으니 한글을 배워 보라고 권유했고 교과서도 어머니에게 가져다줄 것이라고 했다. 할머니는 부끄러운 마음에 한참을 망설이다가 조심스레 속마음을 내뱉었다.

"나도… 내 이름을 몰라요."

학생은 노트 한 장을 찢어 할머니의 이름 세 글자를 적어 줬다. '내 이름이 이렇게 생겼구나.' 물끄러미 바라보던 할머니는 학생이 적어 준 이름을 따라 쓰기 시작했다. 죽을 때까지 한글도 모르고 까막눈으로 살 줄 알았던 할머니는 그렇게 자신의 이름을 쓰면서 학교에 가야겠다는 생각을 하게 되었다. 마침 허리 수술 때문에 찾은 병원에서 부채 하나를 줍게 되었다. 옆 사람에게 물어보니 거기엔 가정 형편상 학교를 다니지 못한 사람들을 위한 문해 학교 안내문이 적혀 있다고 했다.

할머니는 그 부채를 들고 안내된 주소를 따라 학교 앞까지 찾아갔다. 하지만 칠십이 넘어 등도 제대로 펴지 못하고 이제 겨우 이름 하나 쓸 줄 아는 자신을 학교에서 받아 줄까 싶었다. 용기가 나지 않아 몇 번이고 교문 앞을 서성이다가 돌아서기를 반복했다. 그러다 마음을 크게 먹고 학교 안으로 들어갔는데 복도에서 한 선생님을 만났다. 다행히 선생님은 "곧 새 학기가 시작되니 등록하시면 된다"라고 따뜻하게 말해 주었다. 그렇게 할머니의 새로운 삶이 시작되었다. 성인 문해 교실인 양원주부학교에서 초등학교 과정을 밟게 된 것이다.

매일 새벽 6시 반이면 집을 나서서 지하철을 갈아타고 지하철에서 내린 후에도 한참을 걸어가야 하는 등굣길. 주위 사람들은 언제든 힘들면 그만둬도 된다고 했지만 정작 할머니는 새로운 걸 배우고 익히는 게 너무 좋아서 힘든 줄 몰랐다. 그래서 양원주부학교에서 4년, 일성여자중고등학교에서 2년 총 6년의 학창 시절 동안 할머니는 결석은 물론이고 지각 한 번 한 적이 없다. 눈은 침침하고, 허리가 아파 앉아 있는 것도 힘들었지만 매일 두세 시간의 복습도 빼놓지 않았다.

할머니는 거기에서 멈추지 않았다. 2023년 할머니는 82세의 나이에 2024학년도 수능시험 최고령 응시자가 되었다. 할머니는 수험장에 들어가서 자신의 이름이 붙어 있는 책상을 보는데 지금도 그때의 감격을 잊을 수가 없다고 했다. 낯선 학생이 적어 줬던 자신의 이름, 이제는 자신이 직접 쓸 수 있는 이름, 그 이름이 붙어 있는 책상에 앉아 할머니는 한참 동안 그 이름표를 어루만졌다.

"진짜 내 이름이 여기에 붙어 있네."

그 순간을 떠올리며 뿌듯해하는 할머니를 보면서 나는 취재차 따라갔던 할머니의 등굣길을 떠올렸다. 깜깜한 새벽, 책과 공책들로 꽉 채운 핑크색 가방을 굽은 등에 짊어진 채 지하철 계단을 오르는 모습, 출근길 사람들로 빽빽한 지하철을 갈아타고 묵묵히 계단을 오르내리는 모습, 그렇게 하루도 빠짐없이 누구보다 먼저 학교로 향하던 그 모습에서 나는 꿈을 가진 이의 뜨거운 열정을 보았다. 그런데 할머니가 나에게 말했다.

"꿈을 꾸고 부지런히 살면 좋은 일이 생길 거예요."

듣는 순간 가슴이 뜨끔했다. 이 말처럼 평범하면서도 실현하기 어려운 말이 또 있을까. 나이가 들고 아무리 노력해도 안 되는 것들이 있음을 알게 되면서 꿈을 멀리한 채 살아가고 있었다. 헛된 꿈을 꾸는 대신 내 삶을 책임지는 것이 먼저라고 생각했고, 그를 위해 열심히 달려왔다. 모두들 그렇게 살고 있으니까 나도 그렇게 살아가는 것이 맞다고 생각했다. 하지만 어느 순간 삶이 공허하게 느껴졌다.

그런데 김정자 할머니는 꿈을 꾸고 부지런히 살면 좋은 일이 생길 거라는 문장을 삶으로 증명해 냈다. 누가 뭐라든 꿈이 간절하면 저절로 부지런히 움직이게 되고 결과와 상관없이 열정적으로 살게 된다는 것을, 그렇게 살다 보면 언젠가 좋은 일도 생길 수 있다는 사실을 증명해 낸 것이다. 그녀는 칠십 넘어 꿈을 꾸기 시작했고 팔십 넘어 그 꿈을 이루었다. 2024년 83세의 나이에 대학에 입학해 새내기가 된 것이다.

그러니까 문제는 나이가 아니었다. 내가 무엇을 좋아하고 어떤 것을 하고 싶은지 질문하는 것을 잊은 채 그냥 살고 있는 게 문제였다. 미국의 시카고대 교수를 역임한 미하이 칙센트미하이는 《몰입의 즐거움》에서 다음과 같이 말했다.

"우리가 하는 일은 대부분 어쩔 수 없이 의무감 때문에 하는 일, 혹은 달리 하고 싶은 일이 없어서 하는 일이다. 너무나 많은 사람들이 그저 실 가는 대로 움직이는 꼭두각시처럼 느끼며 살아간다. 그런 입장에 놓이면 아까운 에너지를 탕진하고 있다는 생각이 절로 든다. 해결책은 간단하다. 자진해서 원하는 일을 늘려야 한다. 무엇을 원한다는 사소한 마음의 움직임이 집중력을 높이고 의식을 명료하게 만들며 내면의 조화를 이루어 낸다."

그러면서 "삶의 지배권을 되찾을 수 있는 유일한 길은 우리 자신의 의지가 원하는 방향으로 마음을 기울이는 요령을 터득하는 것"이라고 말했다. 나는 김정자 할머니의 삶을 지켜보면서 '해야 할 일들' 대신 '하고 싶은 일'을 늘려 나가야 할 명확한 이유를 발견했다. 그 일이 거창하지는 않더라도, 누가 뭐라든 내가 원하고 힘들어도 그 일을 할 때 즐겁고 살맛이 난다면 그것으로 충분하지 않을까. 나는 그렇게 내 마음에 귀 기울이며 나답게 살아가고 싶다.

아버지가 아이들 앞에서
무릎을 꿇은 이유

 백석대 경찰학부 이건수 교수. 그가 2004년 남양주경찰서 민원실에서 경사로 근무할 당시의 일이다. 60대 초반의 한 남자가 찾아와 어릴 적 집을 나간 뒤 돌아오지 않는 어머니를 찾아 달라고 애원했다. 간곡한 부탁을 모르는 체할 수 없어 찾아보겠노라고 했지만 어머니에 대한 정보가 너무 부족했다. 어머니의 이름과 어머니가 재혼해서 낳은 아들의 이름 두 자를 기억하는 게 전부였다. 그는 해당 두 자를 포함한 관련 이름을 토대로 전국에 있는 3,400여 명에 달하는 사람에게 편지를 보냈고 결국 5개월 만에 어머니가 광주에 거주 중이라는 사실을 알게 되었다. 그렇게 남자는 수십 년 만에 어머니를 만날 수 있었고 이 경사에게 덕분이라며 눈물 젖은 고마움을 전했다. 그 일이 알려지면서 이 경사에게는 잃어버린 가족을 찾아 달라는 문의가 밀려들기 시작했다.

사실 민원실에서 실종 수사는 주된 담당 업무가 아닌 데다가 특히나 20~30년 이상 된 장기 실종 사건들의 경우, 단서가 거의 전무하기에 실종자를 찾기가 너무 어려웠다. 그래서 그는 관련된 사람이다 싶으면 하루에 수십 통씩 편지를 보내고, 무작정 현장을 찾아가서 보고 또 보고, 찾고 또 찾았다. 산골 마을, 기도원, 염전, 폐가 등 전국 방방곡곡 안 가 본 곳이 없을 정도다.

그러던 어느 날이었다. 한 여성이 어릴 적 잃어버린 아들을 찾아 달라고 해서 5년 정도 찾아 헤맸는데 도저히 실마리가 보이지 않았다. 그래서 처음으로 힘들 것 같다고, 이제 그만 포기하자고 말했는데 그녀가 울면서 그랬다.

"형사님, 내가 살아 있는데 어떻게 포기할 수 있겠어요. 형사님 같으면 포기가 되시겠어요?"

그는 잠시 아무 말도 하지 못했다. 그리고 그녀에게 미안하다고 한 뒤 다음부터는 단 한 번도 의뢰인에게 포기하겠다는 말을 하지 않았다.

"저도 자식을 키우는 부모잖아요. 아마 아이가 없어지면 저라도 생업을 접고 끝까지 찾아다닐 거예요. 잃어버린 자식이 눈에 밟혀서 어떻게 직장을 다니고 일상생활을 할 수가 있겠어요."

가족 중 누군가가 사라지면 남겨진 가족의 시간은 그 순간부터 멈춰 버린다. 그 고통이 얼마나 큰지 가장 가까이에서 지켜봐 온 그는 기꺼이 실종자 가족의 마지막 희망이 되었다.

이후 그는 경찰청 본청으로 자리를 옮긴 뒤에도 다른 보직 대신 실종아동찾기센터, 장기추적전담팀 등에서만 근무하며 실종자 찾기에 전념했다. 그 결과 2013년까지 3,742명의 실종자를 찾아 미국 월드 레코드에 세계에서 가장 많은 실종자를 찾은 사람으로 공식 기록되기도 했다. 2017년 경찰직을 은퇴하기까지 그가 찾은 실종자는 무려 5,600여 명에 달한다.

이처럼 실종 가족 찾기에 평생을 바쳐 온 그는 은퇴 후 백석대로부터 교수직을 제안받게 되었다. 하지만 그는 선뜻 쉽게 수락하지 못했다. 다른 가족들의 아픔을 어루만지느라 정작 자신의 가정은 잘 돌보지 못했기 때문이다. 아이들이 자신을 필요로 할 때 그 곁에 있어 주지 못한 게 너무 미안했고, 그런 자신이 과연 학생들을 가르칠 자격이 있나 싶었다.

한번은 중학교 1학년이던 아들이 말했다. 다른 집에 놀러 갔는데 그 집 아버지가 7시에 들어오더라고. 자신은 아버지가 늘 자정이 지나야 들어오는 사람인 줄 알았다고. 그는 미안함에 얼굴을 들 수가 없었다. 아이들이 필요로 했던 건 사회적으로 훌륭한 일을 하는 아버지가 아니라, 훌륭한 일을 하지 않더라도 자신의 곁에 있어 주는 아버지란 사실을 너무 뒤늦게 깨달은 것이다. 그는 고민 끝에 어느 날 아이들을 불러 모았다. 그리고 무릎을 꿇고 말했다.

"학생들도 내 자식처럼 가르쳐야 하는데 그 전에 너희에게 먼저 용서를 구하고 싶다."

 아이들이 너무 늦었다며 자신을 원망하고 거부해도 할 말이 없다고 생각했다. 그런데 어느새 훌쩍 커 버린 아이들은 무릎까지 꿇어 가며 진심으로 용서를 구하는 아버지를 보며 눈물을 삼켰다. 아버지가 다른 사람들만 챙기느라 자신들을 외롭게 만든다고 생각했는데 아버지의 이야기를 듣다 보니 그동안 아버지도 참 힘들고 외로웠겠다는 생각을 하게 되었다. 그래서 뒤늦게 미안하다는 말을 전한 아버지에게 이제는 이해할 수 있다고, 용서한다는 말을 해 주었다. 이 교수는 아이들이 자신의 용서를 받아 주는 것이 너무 고맙고 미안해서 가슴을 쳤다.

 부모와 자식 사이에 못 할 말이 있을까 싶지만 우리는 가깝다는 이유로 오히려 '미안하다'는 말을 미루게 된다. 굳이 말하지 않아도 이해해 주겠지 하는 것이다. 하지만 말하지 않으면 모른다. 고맙다면 고맙다고 말해야 하고, 미안하다면 미안하다고 말해야 한다. 소중한 사람을 잃고 후회하지 않으려면 용기를 내야 한다.

칼 세이건이
나에게 가르쳐 준 삶의 진실

지난 5월 나는 아주 반가운 소식을 들었다. 미국항공우주국(NASA)이 20년 넘게 작동하지 않던 탐사선 보이저 1호의 엔진을 복구했다는 소식이었다. 지구에서 약 250억km 떨어진 심우주를 떠돌며 별과 별 사이를 탐사하던 보이저 1호를 원격으로 수리한 것이다.

보이저 1호는 1977년 9월 5일 발사되어 인류 역사상 가장 먼 우주를 여행하고 있는 무인 탐사선이다. 그 안에는 '안녕하세요'라는 한국어로 된 인사말을 비롯해 55개국 언어로 된 인사말과 갓 태어난 아기의 울음소리, 베토벤 교향곡 5번 1악장, 기차 경적 등이 담긴 '골든 레코드'가 탑재되어 있다.

그처럼 우주 어딘가에 있을지도 모르는 지적 생명체에게 보내는 메시지를 탐사선에 담자고 강력하게 주장한 사람은 세계적인 천문학자이자 《코스모스》의 저자로 유명한 칼 세이건이다. 그는 "이 넓은 우주에 우리가 유일한 생명체라면 얼마나 큰 공간의 낭비인가?"라는 말을 통해, 우주 어딘가에 우리 외의 생명체가 존재할 가능성을 사람들에게 환기시켰다. 골든 레코드에 미국의 지미 카터 대통령은 이런 메시지를 남겼다.

"이것은 멀리 떨어진 작은 행성에서 보내는 선물입니다. 여기에는 우리의 소리와 과학과 우리의 모습, 감정과 음악 등이 들어 있습니다. 우리는 당신과 함께 살아가고자 합니다."

골든 레코드를 탑재하고 떠난 보이저 1호는 최초로 토성의 고리를 고해상도로 촬영했고 목성의 위성 이오에서 화산 활동의 존재를 확인했다. 과학자들은 탐사선이 보내오는 행성의 사진들을 확인하며 벅차오르는 감정을 감출 수가 없었다. 하지만 머지않아 임무를 마친 보이저 1호는 태양계를 벗어나 먼 바깥 우주로 날아갈 것이었다. 그렇다면 마지막으로 어떤 사진을 찍게 할까, 과학자들은 고민에 빠졌다. 그때 칼 세이건이 획기적인 제안을 내놓았다. 보이저의 카메라를 태양계 안쪽으로 돌려 지구의 모습을 담아 보자는 것이었다. 그렇게 하면 지구라는 행성이 광활한 우주 속에서 얼마나 미미한 존재인가를 사람들에게 똑똑히 알릴 수 있을 것이라는 생각이었다.

하지만 나사는 과학적으로 별 가치가 없는 사진을 찍기 위해 태양 빛이 강한 방향으로 카메라를 돌리는 건 너무 위험하다며 그의 제안을 받아들이지 않았다. 하지만 그는 굽히지 않고 계속해서 나사를 설득했다. 1990년 2월 나사는 결국 그의 제안을 받아들여 보이저의 카메라를 돌려 지구 사진을 찍도록 지시했다. 얼마 후 칼 세이건은 보이저 1호가 보낸 사진을 받았고, 64억 km 밖에서 찍힌 지구는 먼지보다도 작은, 화면에서 보면 1픽셀도 채 안 되는 작은 점에 지나지 않았다. 그는 그 점에 '창백한 푸른 점(Pale Blue Dot)'이라는 이름을 붙이고 이렇게 말했다.

"바로 여기입니다. 여기가 우리의 보금자리이고, 여기가 바로 우리입니다. 이 점 위에서 우리가 사랑하고 우리가 알고 우리가 들어 봤으며 지금까지 존재한 모든 이가 자신들의 삶을 살다 갔습니다. 우리의 기쁨과 슬픔, 우리가 확신하는 수천 개의 종교와 이념과 경제 체제, 모든 사냥꾼과 약탈자, 모든 영웅과 겁쟁이, 문명의 창조자와 파괴자, 모든 왕과 농부, 모든 사랑에 빠진 연인, 모든 아버지와 어머니, 희망에 찬 아이, 발명가와 탐험가, 모든 스승과 부패한 정치인, 모든 슈퍼스타, 모든 최고의 지도자, 역사 속의 모든 성인과 죄인이 태양 빛 속에 떠다니는 저 작은 먼지 위에서 살다 갔습니다.

지구는 우주라는 거대한 극장의 아주 작은 무대에 지나지 않습니다. 그 모든 장군과 황제들이 아주 잠시 동안 저 점의 작은 부분을 지배하기 위해 흘렸던 수많은 피의 강들을 생각해 보세요. 이 작은 점의 한쪽 끝에서 살던 사람들이, 거의 구분할 수 없는 다른

쪽 끝에 살던 사람들에게 저질렀던 잔혹함을 생각해 보세요. 서로를 얼마나 자주 오해했는지, 서로를 죽이려고 얼마나 애를 써 왔는지, 그 증오는 얼마나 깊었는지. 우리의 허세, 우리의 자만심, 우리가 세상에서 특권을 가진 존재라는 착각에 대해 저 창백하게 빛나는 푸른 점은 철저히 반박합니다."

그러면서 그는 지구가 거대한 우주 속에서 하나의 알갱이에 불과하지만 좋든 싫든 우리가 머물 곳은 현재 지구뿐이기에 서로를 좀 더 따뜻하게 대하며 지구라는 유일한 보금자리를 소중히 보존해야 한다고 말했다. 그리고 너무나도 크고 광활한 우주에서 우리 인간은 외로운 존재이고 그 외로움을 버틸 수 있는 유일한 방법은 사랑뿐이라고 강조했다.

나는 창백한 푸른 점을 처음 본 날을 잊을 수 없다. 나는 그날 이 우주 속에서 얼마나 작은 존재인지 알아차림과 동시에 나와 함께 이 지구상에 살아가는 모든 이가 증오나 배척의 대상이 아니라 연대의 대상임을 자연스럽게 깨달았다. 그 점 위에서는 그가 어떤 인종이든, 어떤 종교를 가졌든, 어떤 정치 성향을 가졌든, 남자이든 여자이든 그런 구분은 아무 의미가 없기 때문이다. 그저 우리는 모두 창백한 작은 점 위에 살고 있는 똑같은 생명체일 뿐이다. 그것은 그 누구도 타인을 무례하게 대할 권리를 가지고 있지 않으며, 오히려 타인을 이 지구에서 함께 살아가는 생명체로서 마땅히 존중해야 함을 일깨운다.

그리고 우리가 해야 할 일은 인간이 언제든 증오와 허세와 자만심과 특권 의식에 빠져 어리석은 행동을 저지를 수 있음을, 그것이 우리 모두를 멸망의 길로 이끌 수 있음을 잊지 않는 것이다. 우리는 곧 사라지겠지만 우리의 후손들은 지구 위에서 계속 살아가야 한다. 그리고 그 지구를 망칠 권리는 현재 살아 있는 80억 명의 사람 중 그 누구도 가지고 있지 않다.

☾

CHAPTER 2

참
괜찮은
말들

신이 애초에 나한테 주지 않은 것

몇 년 전 '유 퀴즈'를 촬영할 때의 일이다. 유재석 MC가 길에서 우연히 만난 아이에게 물었다.

"어떤 어른이 되고 싶어요?"

그러자 아이는 아직 어린이인데도 공부와 숙제가 많아 힘들다며 어른이 되고 싶지 않다고 했다. 그럼에도 어쩔 수 없이 어른이 된다면 어떤 어른이 되고 싶냐고 물어보자 아이는 말했다.

"솔직하고 착하고 용감한 어른이요. 솔직하면 뭐든지 다 말할 수 있고, 착하면 상냥하게 말할 수 있고, 용감하면 누구한테든 말할 수 있으니까요."

MC는 다시 아이에게 물었다.

"신이 사람을 만들 때 뭔가 하나쯤은 빼먹고 만들었다면 어린이에게는 뭐를 주지 않았을 것 같아요?"

그날 길에서 만난 누군가는 적극적인 성격이 못 된다며 그게 신이 자신에게 적게 준 것이라고 했고, 누군가는 얼굴이 도시락처럼 네모나게 생겼다며 신이 자신을 잘못 만들었다고 했다. 그래서 당연히 우리는 아이가 불만이 있거나 부족한 것을 말할 줄 알았다. 그런데 아이는 너무 쉬운 질문이라는 듯 이렇게 대답했다.

"신은 저한테 남김없이 전부 다 주신 것 같아요."

때론 나의 소심한 성격이, 때론 나의 외모가, 때론 내가 처한 상황이 못마땅할 때가 있다. 그런데 신이 남김없이 전부 다 준 것 같다는 아이의 대답에 나는 가슴이 뜨끔했다. 왜 그렇게 나는 부족한 게 많다고 생각하는 걸까. 나는 왜 타인을 부러워하며 나 자신을 못마땅해할까. 그 순간 부끄러움이 밀려왔다. 나는 아직도 나를 있는 그대로 사랑할 줄 모르는 사람임을 깨달았기 때문이다.

일하는 자의 기본값

"딸아, 기억하렴. 너는 실패할 것이다. 너는 좌절할 것이다. 정당한 노력이 무시될 것이며 눈부신 기여는 남의 공로가 될 것이다. 너를 싫어하는 이유를 끝내 알지 못하는 채로 너를 싫어하는 동료들과 일하게 될 것이고, 너로서는 억울한 오해와 억측의 수군거림을 감내해야 할 것이다. 때려치우고 싶은 순간에 직면할 것이며, 누구에게 물어도 답을 들을 수 없는 시간이 예고 없이 찾아올 것이다. 그것이 일하는 자의 기본값이다."

카피라이터로서 30년 동안 일해 온 아버지 이원홍이 쓴 《일을 잘하고 싶은 너에게》라는 책에 실려 있는 글이다. '일하는 자의 기본값'이라는 말에 공감이 가서 책을 찾아봤더니 반전이 기다리고 있었다. 그러니 누구도 믿지 말고 너만 믿고 나아가라는 말을 할 줄 알았는데 그는 딸에게 말했다. 무슨 일을 업으로 하든 우리가 하는 일 중에 온전히 혼자 하는 일은 없다고, 그러니 함께 일하는 동료들의 고마움을 알고, 아침에 출근하면서는 동료들과 눈 마주치며 인사할 줄 알고 먼저 말을 거는 흔쾌한 사람이 되었으면 좋겠다고. 그리고 자기 몫의 역할을 다하고 그 결과도 당당하게 책임질 줄 아는 사람이 되라고.

하지만 정작 일을 하다 보면 함께 일하는 사람들을 살피고 그들의 노고를 챙기는 게 쉽지 않다. 마감은 언제나 빠듯하고, 일을 했으면 성과를 내야 하고, 결과가 실패로 돌아가면 리스크가 너무 크기 때문에 내가 맡은 일을 제대로 해내는 것조차 벅찰 때가 많다. 그래서일까. 18년 동안 일해 오며 일 잘하는 사람은 많이 봤지만 부지런히 주위 사람까지 챙기는 이는 드물었다. 누구나 그렇게 하고 싶지만 그걸 실천하기가 그만큼 어렵기 때문일 것이다.

그런데 의외의 장소에서 일보다 사람이 먼저인 이를 보게 되었다. 2021년 부산 국제영화제에서는 각각 한국 영화계와 일본 영화계를 대표하는 봉준호 감독과 하마구치 류스케 감독의 대담이 펼쳐졌다. 통역을 거쳐야 하는 다소 번거로운 자리였지만 두 감독은 그에 아랑곳하지 않고 서로에 대한 존중과 호기심을 드러냈다. 어느 기자가 두 사람에게 물었다.

"영화를 만들 때 본인의 약점은 무엇이라고 생각하시나요?"

먼저 마이크를 받은 봉 감독은 자신의 약점에 대해 자세하게 이야기했고, 하마구치 감독은 통역을 통해 그 말을 전해 들었다. 연신 고개를 끄덕이던 하마구치 감독은 자신이 대답할 차례가 되자 미소 지으며 이렇게 말했다.

"기자분, 먼저 멋진 질문을 해 주셔서 감사합니다. 사실 그 질문이야말로 제가 봉 감독께 여쭤보고 싶은 질문이었습니다."

기자가 질문을 던진 건 한참 전이었고 봉 감독의 이야기가 있었고, 통역이라는 장벽도 있었다. 그리고 하마구치 감독은 자신의 이야기를 할 차례였다. 게다가 원활한 진행을 위해 그 자리에서는 전하고 싶은 말을 생략하고, 나중에 따로 기자에게 전할 수도 있었다. 하지만 그는 그러지 않았다. 그만큼 그에게는 감사를 표현하는 일이 중요했던 것이다.

그의 말들 속에는 일관된 태도가 배어 있었다. 봉 감독이 어떤 장면에 대해 칭찬하자 그는 "그 장면은 저보다 다른 스태프가 큰 기여를 했다"며 스태프에게 공을 돌렸다. 그는 매 순간 타인의 노력과 그에 대한 감사를 잊지 않았다. 그것만 봐도 그가 현장에서 어떤 태도로 사람들과 작업했는지를 엿볼 수 있었다. 그는 분명 작은 마음도 놓치지 않고 살피며, 함께한 모든 이들의 노고를 잊지 않는 사람이었을 것이다. 그와 함께 일한 배우와 스태프들이 하나같이 왜 그와 다시 작업할 기회가 있었으면 좋겠다고 말하는지 짐작할 수 있었다.

사람들은 말한다. 일단 일이 되게 하는 게 중요하다고. 그런데 하마구치 감독은 나에게 말하는 듯했다. 아무리 바빠도 사람이 먼저라고 생각한다면 우선 사람을 챙기라고. 바쁘다고 말하는 건 핑계에 지나지 않는다고.

문득 2012년 12월 20일이 떠올랐다. '다큐 3일' 팀은 18대 대선을 앞두고 각 후보들을 취재하기로 했다. 예전에 노무현 대통령과 봉하마을을 취재했던 인연 때문인지 제작진은 나에게 문재인 후보 측 취재를 맡겼다. 덕분에 나는 문재인 후보가 유세하는 현장을 한 곳도 빠지지 않고 따라다니게 되었다. 유세 마지막 날 새벽, 가락동 농수산물 시장을 시작으로 천안, 대전까지 숨 가쁜 레이스가 이어졌다. 며칠간 가까운 거리에서 얼굴을 익힌 덕분이었을까. 부산에서 있을 마지막 유세 현장으로 향하는 KTX 안, 나는 취재진으로서 유일하게 동승할 수 있었다.

대전에서 부산으로 향하는 두 시간 동안, 캠프 참모진과 국회의원들은 도시락으로 끼니를 때운 후 잠시 휴식을 취했지만 문재인 후보는 마지막 연설문이 담긴 종이를 놓지 않았다. 한 문장, 한 단어를 곱씹으며 연설문을 끝까지 고치고 중얼거리며 연습했다. 부산역에 도착하자 수많은 인파가 그를 기다리고 있었다. 그는 열차 안에서 수없이 되뇌인 연설을 무사히 마쳤다. 그렇게 22일간의 유세가 끝났다.

다음 날 밤 8시 50분 텔레비전 화면에 박근혜 후보의 대통령 당선 유력 소식이 떴다. 박근혜 후보 측은 축제 분위기였고, 같은 시각 문재인 후보의 서울 자택 앞은 침울한 표정의 지지자들로 가득했다. 후보는 그들에게 추운 날씨에 고생 많았다며 결과에 송구스럽다고 말했다. 그리고 대선 패배 승복 메시지를 발표하기 위해 민주통합당 영등포 당사로 향했다.

다음 날 아침, 대선에 패배한 후보의 표정을 담으려는 기자들로 집 앞이 붐볐다. 그때 나를 알아본 관계자가, 후보가 주차장 쪽으로 나올 거라며 슬쩍 귀띔해 주었다. 서둘러 주차장으로 달려갔더니 그곳에는 다른 기자들은 보이지 않고 우리 팀뿐이었다. 잠시 후 집에서 나온 후보는 나를 보자 걸음을 멈추었다. 카메라를 들이대기가 쉽지 않은 순간이었다. 나도 모르게 멋쩍은 표정을 짓는데 후보가 오히려 웃는 얼굴로 다가와 말을 건넸다.

"떨어진 후보를 담게 되어서 어떡합니까. 고생 많으셨습니다."

패배의 순간에도 담대하게 나의 마음을 먼저 헤아리는 그의 말에 나는 잠시 할 말을 잃었다. 세상은 이기고 지는 일로 가득하지만, 어떤 이는 지는 순간에도 누군가의 마음을 먼저 헤아렸다.

그래서 나는 나에게 묻는다. 정말 일보다 사람이 먼저라고 생각하느냐고. 사람을 챙기는 게 중요하다고 생각한다면 말 한마디로도 충분히 그 마음을 표현할 수 있는데 나는 왜 그러지 못했는가. 하마구치 감독과 문재인 전 대통령은 나에게 가르쳐 주었다. 함께 일하는 사람들의 노고를 챙기는 데 거창한 이벤트나 특별한 시간이 필요한 건 아니라고. 그들의 수고와 노력을 인정하고 존중해 주는 말 한마디를 건네는 것으로도 충분하다고.

그가 젊은이들에게 잔소리 대신 하는 말

후배들에게 잔소리를 하지 않기로 유명한 배우 신구. '유 퀴즈' MC가 그 이유를 묻자 그는 단호하게 말했다.

"다들 잘하고 있는데 무슨 잔소리냐. 사실 젊은이들 버릇없다고 하는데 우리 세대도, 전 세대도 젊을 때는 다 그랬다. 요즘 젊은이들은 잘한다. 거기에 대고 무슨 라떼 이야기냐. 난 그게 싫다."

그는 자신도 아버지에게 단 한 번도 잔소리를 들어 본 적이 없다고 했다. 그는 왕십리에 있는 중앙 시장의 한 모퉁이에서 아버지가 채소 장사를 했다며 이렇게 말했다.

"내가 아버지에게 잘한 것도 없고, 내게 불만이 많으셨을 텐데

'이놈아, 이 자식아' 소리를 들어 본 적이 없다. 내가 잘한 게 아니고 아버지가 그렇게 너그러우셨다."

그럼에도 젊은이들에게 해 주고 싶은 말이 없냐고 묻자 그는 말했다.

"나도 젊었을 때가 있었다. 그때는 지금 이 순간이 그렇게 중요한 줄 모르고 살았다. 그런데 이제 마지막 고비에 와 보니까 숨을 쉴 수 있다는 게 고맙고, 남의 도움 없이 걸어 다닐 수 있는 게 고맙고, 매사가 다 '쏘 땡큐(so thank you)'다. 젊은이들도 최선을 다해서 지금을 즐기고 일했으면 좋겠다."

그가 이처럼 현재가 중요하다고 깨닫게 된 사건이 있었다. 팔십 세가 넘었음에도 건강을 자신했던 그는 2022년 연극 대본 리딩 연습 도중 숨이 가쁘고 잘 안 쉬어지는 걸 느꼈다. 부리나케 응급실에 가서 진찰해 보니까 급성 심부전증이었다. 의사는 지금 물속에서 숨을 쉬고 있는 것과 같다며 언제든 심장이 멈출 수도 있는 상황이니 공연은 무리라고 진단했다. 그러나 그는 무대는 관객과의 약속이니 절대 공연을 취소할 수 없다고 고집했다. 같이 무대를 준비하는 배우와 스태프들은 그가 혹시나 공연 도중 쓰러지지 않을까 노심초사했지만 다행히 그날 그는 무사히 공연을 마쳤다.

그는 그 후 수술을 받고 가슴 안에 심장 박동기를 달았다. 심장이 느릿느릿 뛰고 있으면 전기 자극을 보내 정상적인 박동 수를 유지할 수 있게끔 돕는 인공 보조 장치였다. 그는 심장 박동기의 수명이 8~10년 정도라며, 그쯤이면 자신은 이 세상에 없을 테니 그만하면 충분하다고 말했다. 그러면서 지금 하는 작품이 마지막 작품일 수도 있으니 힘을 남겨 놓고 죽을 바에야 '여기 다 쏟고 죽자'라는 마음으로 연기에 임한다고 했다.

2023년 그에게 여든여덟 미수(米壽)를 맞이한 소감을 묻자 "이게 축하할 일이냐. 요즘은 나이 세기도 싫다. 아직도 숨 쉬고 있고, 걸어 다니니까 고맙고, 견딜 수 있을 때까지는 내가 좋아하는 거 하자는 생각이다"라며 별일 아니라는 듯 말했다.

그런데 취재차 그가 출연한 연극 '라스트 세션' 제작진을 만났을 때 놀라운 얘기를 들었다. 선생님에게 주인공을 맡아 달라고 부탁드렸는데 고민해 보겠다고 했단다. 언제쯤 전화를 주시려나 기다리면서도 한편으로는 못 하실 수도 있지 않을까 걱정했는데 몇 달 뒤 선생님은 제작진에게 전화를 걸어 그 배역을 해 보겠다고 말했다. 마음으로는 너무 그 역할을 하고 싶지만 체력적으로 무대에서 온전히 그 배역을 소화할 수 있을지 자신이 없어서 집에서 몇 달간 혼자 매일 연습했고, 다행히 이제는 할 수 있겠다는 판단이 들어 전화를 했다는 것이다.

연락을 받은 제작진은 혼자 몇 달 동안 쉼 없이 연기 연습을 했을 선생님을 생각하니 부끄러웠다고 했다. 자신들은 하고 있는 일에 대해 그만큼의 열정과 책임 의식을 보인 적이 있었나 되돌아보게 되었다고도 했다. 실제로 한 관객은 그의 연극을 보고 다음과 같은 관람평을 남겼다.

"오늘 신구 배우님께서 84세 때보다 더 좋은 연기를 하시는 걸 보고 감동해서 눈물이 났다."

그들에게 신구 배우는 존경하지만 그렇다고 어렵지는 않은, 오히려 친근하게 다가가 많은 것을 배우고 싶은 사람이었다. 그의 매력이 무엇인지 구체적으로 알려 달라고 묻자 그중 한 명이 말했다.

"어른이세요. 좋은 어른요."

순간 고개가 끄덕여졌다. 사람들이 통념적으로 생각하는 좋은 어른은 사회적으로 본보기가 되고 늘 좋은 가르침을 주고자 애쓰는 사람일 수 있다. 그리고 그런 기준으로 보자면 신구 배우는 좋은 어른이 아닐 수도 있다. 그는 젊은이들에게 그 어떤 가르침도 주고 싶어 하지 않기 때문이다. 그저 '나이가 중요한가'라는 마인드로 젊은 배우들과 스스럼없이 어울리면서도 연기 열정만큼은 누구에게도 뒤지지 않는 배우로서 오늘을 충실히 살아갈 뿐이다. 그럼에도 주위 사람들은 기꺼이 그를 따르고 그와 함께하고 싶어 한다.

'나도 저렇게 나이 들고 싶다.'

후배들이 잘 해낼 것이라 믿고 잔소리는 삼켜 버릴 것, 그리고 나는 그저 나의 길을 갈 것. 그러고도 남는 시간이 있으면 후배들과 즐겁게 어울려 놀 것. 그것들이 쉬워 보이지만 막상 실천하려고 하면 어느 것 하나 쉽지 않겠다는 생각이 든다. 하지만 그가 말한 것들을 지켜 나가려 애쓴다면 늙어 가는 것도 꽤 멋진 일이 되지 않을까. 나이 드는 것이 슬프고 후배들에게 밀려나는 것이 서럽다기보다 나이를 먹어도 계속 성장하는 나를 보는 것이 즐겁고 뿌듯하지 않을까. 그렇게 나이에 상관없이 내일이 기대되는 삶을 살 수 있다면 좋지 않을까.

　마지막으로 진행자가 그에게 '니들이 게 맛을 알아'라는 유행어를 언급하자 그는 곧바로 그것을 패러디해서 '니들이 젊음을 알아'라고 외쳤다. 순간 이상하게 마음이 뭉클했다. 나이 드는 것이 두렵다는 생각이 들 즈음 그를 만나 참 다행이라는 생각도 했다. 매 순간 모든 걸 쏟아부으며 매사가 다 쏘 땡큐라고 말하는 그를 나는 오래도록 보고 싶어졌다.

가족이니까 서로를 잘 알고 있다는 착각

서울대 암병원에는 조금은 특별한 방이 하나 있다. 이제 정말 살날이 얼마 남지 않은 환자들이 편안하게 죽음을 맞이할 수 있도록 1인실을 개조한 임종방이 그것이다. 암병원에서 종양내과 전문의로 일하는 김범석 교수는 '유 퀴즈'에 출연해 가장 기억에 남는 환자가 누구냐고 묻자 그 임종방에서 있었던 이야기를 들려주었다.

김범석 교수에 따르면 사람의 감각 중에서 끝까지 남아 있는 것은 청각이라고 한다. 그래서 그는 가족들에게 환자가 마지막 순간까지도 들을 수 있으니까 좋은 이야기를 많이 해 주라고 권한다. 임종방에는 환자가 평소에 좋아하는 음악을 들으며 인생의 마무리를 할 수 있도록 스피커가 마련되어 있는데, 어느 날엔가 보니 경쾌한 리듬의 트로트가 울려 퍼지고 있었다. 가까이 가서 들어 보니 강진의 '땡벌'이라는 노래였다.

환자는 30년 동안 양말 공장에서 일하며 세 자녀를 대학에 보내고 그중 딸은 박사 공부까지 시켰다. 그렇게 평생 가족들을 먹여 살리느라 애썼던 그는 일하면서 힘이 들 때마다 카세트에서 나오는 트로트를 신나게 따라 부르곤 했다. 그래서 가족들은 마지막 순간에 아버지가 흥얼거리던 트로트 중에 가장 좋아하는 노래를 틀어 놓은 것이었다.

김범석 교수는 그 이야기를 듣고 다시 '땡벌' 노래를 듣는데 흥겹게만 느껴졌던 노래가 너무 슬프게 들렸다고 했다.

'난 이제 지쳤어요. 땡벌 땡벌

기다리다 지쳤어요. 땡벌 땡벌

혼자서는 이 밤이 너무너무 추워요.'

김 교수는 가사를 듣는데 마치 환자가 30년 동안 일하느라 지쳤고, 하필 그때가 겨울이라 저승으로 떠나는 마지막 길이 춥다고 말하는 것만 같아서 마음이 아팠다고 했다. 가족들은 끝내 '땡벌'을 들으며 울음을 터트렸고 잠시 후 환자는 죽음을 맞이했다. 그런데 김 교수는 모든 가족들이 환자가 좋아하는 음악을 아는 건 아니라고 했다. 환자가 어떤 음악을 좋아하는지 모르는 가족들도 의외로 많다는 것이다.

"우리가 생각보다 가족에 대해서 잘 몰라요."

그래서 그는 가족들이 무엇을 좋아하고, 어떤 걸 싫어하는지 평소에 많이 묻고 그것을 꼭 기억해 두었으면 좋겠다고 했다. 우리는 가족에 대해서 얼마나 알고 있을까. 요즘은 제삿상에 고인이 생전에 좋아했던 음식을 올리는 경우도 많다는데, 우리는 가족이 좋아하는 음식이 뭔지 알고 있을까. 자녀에게 '커서 뭐가 되고 싶냐', '오늘 숙제는 다 했냐'는 말 대신 요즘 좋아하는 건 뭐냐고 물어본 적은 있을까.

어쩌면 우리는 가족이라는 이유로 서로를 잘 알고 있다는 착각에 빠져 있는지도 모른다. 그러니 모르면 더 늦기 전에 물어봐야 한다. 어떤 노래를 가장 좋아하느냐고, 어떤 음식을 가장 좋아하느냐고, 앞으로 어떤 삶을 살고 싶으냐고, 어떤 죽음을 바라느냐고….

그것은 벽이 아니라 문일 수도 있다

 작년 가을 제작진 개편에 따라 '유 퀴즈'를 떠나게 되었다. 6년이라는 긴 여정을 끝내고 자연스레 멈춰 서게 된 것이다. '다큐 3일' 팀에서 일한 12년까지 포함하면 18년 동안 쉼 없이 달려온 터였다. 그래서 나는 감정을 정리하고 스스로를 돌아보는 시간을 갖기 위해 당분간 쉬기로 했다. 프리랜서는 일이 없으면 쉬는 게 당연하지만 너무 오랜만에 쉬어서일까. 쉬는 게 그다지 마음 편하지 않았다. 다음 스텝으로 어떤 걸 해 나가야 할지도 고민이었다.
 주위 사람들은 내게 '너는 곧 러브콜이 올 거야', '유명한 프로그램들을 해 왔는데 무슨 걱정이야'라고 했지만 이렇다 할 제안은 금방 오지 않았고, 그런 날이 이어질수록 초조함과 고민이 깊어졌다. 명함과 소속이 사라져도 괜찮을 거라고 생각했지만 막상 마주친 현실 앞에서 나는 자꾸만 위축되어 갔다.

그맘때쯤이었다. 노량진에 사는 친구 집에 가는데 어느 순간 1980~1990년대로 온 듯한 착각이 들었다. 오래된 간판에 닭집, 기름집, 목욕탕, 약방, 그리고 과일부터 생활용품까지 다 파는 작은 슈퍼까지 어릴 적 기억 속의 골목 풍경이 눈앞에 고스란히 펼쳐졌기 때문이다. 더 인상적이었던 건 가게마다 문 앞에 의자를 꺼내 앉아 서로 대화를 나누고 있는 모습이었다. 매일매일 서로 얼굴을 보고 안부를 묻고 별것 아닌 일들을 나누며 살아가는 사람들. 그리고 그런 사람들을 내려다보며 집집마다 서 있는 나무들도 참 예뻤다.

그런데 오래된 목욕탕 앞에 안내문이 붙어 있어 가까이 가 보니 이 지역이 재개발 구역으로 정해져 더 이상 영업을 하지 않으며 다른 곳으로 이사를 간다는 내용이 적혀 있었다. 이렇게 옛 골목 풍경이 또 하나 사라지는구나 싶었다. 그 어떤 기술로도 만들어 낼 수 없는 시간의 흔적이 송두리째 사라진다는 것이 너무 아쉬웠다.

'아, 사라지기 전에 이 귀한 모습을 영상으로 남겨 놓으면 참 좋을 텐데…'

그 뒤로도 몇 번 그 골목을 지나가게 되었다. 그사이 눈여겨봤던 다른 가게들도 하나씩 사라져 갔다. 혹시나 하는 마음에 닭집이라는 이름이 인상적이었던 가게로 가 보니 그곳의 문도 굳게 닫혀 있었다. 그 집에서 닭을 산 적도 없는데 나는 왜 그렇게 안타까웠을까.

그다음 주 토요일에 같은 골목을 찾았을 땐 재활용 트럭들이 서 있었고 사람들이 곳곳에서 짐을 들고 바삐 움직이고 있었다. 나는 뭔가 쫓기는 마음이 들어 한 아저씨를 붙잡고 왜 이렇게 골목이 어수선하냐고 물었다.

"오늘이 이주 마지막 날입니다."

아, 오늘이 마지막이구나. 이제 이 골목 풍경을 더는 볼 수 없겠구나. 그러자 나도 모르게 '이건 기록해야 해. 카메라와 다른 장비들은 없지만 휴대폰으로라도 이 풍경을 찍어 놓자'라는 생각을 하게 되었다. 대단한 구상이 있는 것도 아니었고, 방송 프로그램을 만드는 게 아니다 보니 보수가 있는 것도 아니었지만 그냥 휴대폰 카메라를 켰다. 그러자 바로 촬영 현장의 내가 되었다. 골목 곳곳을 찍고, 건물을 부수고 주변을 정리하는 모습도 찍었다. 그러다 그날까지도 영업을 하고 있는 오래된 수선 가게를 발견하게 되었다.

'아, 들어가서 나를 뭐라고 소개하지? 무엇을 찍는다고 말하지? 소속도 없고 어떤 프로그램을 만들지도 불분명한데 인터뷰를 해 주실까?'

하지만 고민은 잠깐이었고 어느새 나의 발걸음은 가게 안으로 들어서고 있었다. 재개발로 오래된 골목을 떠나는 심정이 어떨지 궁금했고, 그걸 꼭 기록으로 남겨 두고 싶다는 간절함이 컸기 때문이다.

가게 안으로 들어가니 한쪽 구석에서 재봉틀질을 하고 있는 할아버지가 보였다. 나는 용기를 내어 할아버지에게 말했다. 오늘이 이주 마지막 날이라 그 모습을 기록해 두고 싶은데, 혹시 촬영을 해도 되느냐고. 거절해도 어쩔 수 없다고 생각하며 긴장된 마음으로 물었는데 할아버지가 무심하게 답했다.

"찍을 게 뭐가 있으려나, 맘대로 하세요."

와, 그때의 감정은 뭐라고 표현할 수 없을 정도로 기뻤다. 나는 할아버지에게 재개발로 오랜 골목을 떠나는 마음이 어떤지, 언제부터 수선 가게를 해 왔는지 물었다. 어느 순간부터는 할아버지가 이 동네에 처음 와서 겪었던 일들에 대한 이야기로 이어졌다. 나는 그렇게 한참 동안을 휴대폰 하나 달랑 들고 한 사람의 인생을 들었다.

인터뷰를 끝낸 나는 내친김에 재활용 트럭 주인에게 궁금한 것들을 물었고, 쓰던 가구를 팔고 있는 이주민에게 다가가 그 심정을 들었다. 그렇게 휴대폰으로 촬영한 영상을 가지고 집에 돌아온 나는 바로 영상 편집을 하기 시작했다.

편집을 마치고 완성본을 보니 이주 마지막 날의 골목 풍경이 그 안에 고스란히 담겨 있었다. 짧은 다큐멘터리를 만들어 낸 것이다. 순간 가슴이 벅차올랐다. 명함도, 소속도 없는 내가 과연 할 수 있는 게 있을까 고민했고, 그것들 없이는 내가 아무것도 할 수 없는 초라한 사람일까 봐 두려웠다. 그런데 아니었다. 편집 완성본을 보고 나자 지금 이대로도 무엇이든 해 볼 수 있겠다는 자신감이 생겼다.

무엇보다도 휴대폰으로 노량진 골목을 담던 그 순간, 나는 살아 있음을 느꼈다. 기록하고 싶은 순간 앞에서 쿵쾅쿵쾅 뛰고 있는 내 심장을 느꼈고, 평생 이 일을 놓고 싶지 않다는 확신을 얻었다. 사람들의 인생을 영상에 담아내고 그것을 편집하는 일이 이렇게나 즐거운데, 내가 왜 이 일을 하지 않겠는가. 그날 드라마 작가를 하고 있는 친구에게 그 영상을 보냈더니 이런 답이 왔다.

'컷 하나하나가 신나 보인다.'

봉준호 감독은 영화 '설국열차'로 청룡영화상에서 감독상을 받고 이렇게 말했다.

"제가 '설국열차'에서 제일 좋아하는 장면은 송강호 씨가 옆을 가리키면서 '이게 너무 오랫동안 닫혀 있어서 벽인 줄 알고 있지만 사실은 문이다'라고 하는 대목입니다. 여러분께서도 벽인 줄 알고 있었던 여러분만의 문을 꼭 찾으시길 바랍니다."

명함과 소속, 그리고 이렇다 할 장비가 없는 것. 나는 그것들이 넘기 어려운 벽이라고 생각했고 그 앞에서 무력감을 느꼈었다. 그런데 그것들은 벽이 아니었다. 두드려 보니 문이었다. 그러니 당신도 벽이라고 생각하는 것을 한번 두드려 보았으면 좋겠다. 그것은 벽이 아니라 진짜 문일 수도 있다.

누구도 누굴 함부로 할 순 없어, 그건 죄야

 2021년 영화 '미나리'로 미국 아카데미 시상식에서 여우조연상을 받은 배우 윤여정, 그녀는 칭찬을 좋아하지 않는 사람으로도 유명한데 그 이유에 대해 한 잡지사와의 인터뷰에서 이렇게 말했다.
 "전에 무슨 촬영을 하는데 한 선배가 주인공 여자애가 지나가니까 '넌 어쩜 그렇게 예쁘니?' 하는 거예요. 그래서 제가 여자애가 그렇게 예쁘냐고 했더니 '그냥 그렇게 얘기해 주는 거야' 하더라고요. 그때 알았죠. 아, 세상이 이런 거구나. 칭찬은 그냥 듣기 좋으라고 하는 얘기구나."
 그래서인지 그녀는 자신이 칭찬에 잘 취하지 않는다고 말하며 이렇게 덧붙였다.

"내가 사람들에게 칭송받는 건 아카데미상을 탔기 때문일 텐데 그것도 운이에요. 그걸 잘 알기 때문에 거기에 취하지 않는 것이고, 세상 물정을 아는, 지금 이 나이에 상을 받은 거라 다행이에요. 만약 30대에 아카데미상을 받았으면 괴물이 됐을 수도 있죠."

알다시피 그녀는 여우주연상을 휩쓸던 27세의 나이에 결혼을 하고 미국으로 이민을 갔다. 그리고 13년 후 이혼을 하고 한국으로 돌아왔다. 두 아들을 먹여 살리기 위해 연기 활동을 재개했지만 그녀에게 배역을 주려는 사람은 아무도 없었다. 13년의 공백이 컸던 탓도 있지만 이혼을 한 건 '죄'라는 그 당시 사람들의 편견이 그녀를 옴짝달싹 못 하게 만들었다. 실제로 사람들은 "이혼녀는 텔레비전에 나와선 안 돼"라며 그녀를 손가락질했다. 그러나 그녀는 당장 쌀독을 채우기 위해 단역이나 보조 출연도 마다하지 않고 닥치는 대로 일했다.

그러다 1991년 드라마 '사랑이 뭐길래'로 다시 주목을 받으며 TV 토크쇼에 출연했을 때였다. MC들은 여전히 작품에 대한 얘기보다 몇 년이 지난 이혼 얘기를 더 궁금해했다. 아무렇지 않게 전남편에 대한 얘기를 꺼내고, 이혼 사유를 집요하게 캐묻고, 심지어 재혼 계획까지 물었다. 당황하거나 얼굴이 굳어질 법한 상황이었다. 하지만 그녀는 두 아이의 엄마라서 생계를 책임져야 했고, 그래서 버틸 수밖에 없었다고 담담히 털어놓았다. 진행자가 물었다.

"살아가면서 무엇이 가장 걱정되세요?"

"모든 어머니들이 그러하듯, 제 아이들이 잘 자라나길 바라고 걱정하죠. 저는 더 많이 걱정하겠죠. 결손 가정이니까요."

결손 가정, 지금은 '한 부모 가정'이라고 바뀐 이 표현에는 당시 사회의 편견이 고스란히 담겨 있었다. 그리고 그 말을 담담히 꺼내는 그녀를 보며, 그녀가 어떤 시간들을 견디며 살아왔는지 단박에 느낄 수 있었다. 마지막으로 진행자가 물었다.

"가장 좋아하는 드라마 대사가 있으세요?"

그녀는 김수현 작가의 드라마 '모래성'에 나오는 한 대사를 읊으며 말했다. 그 대사를 듣자마자 너무 좋아서, 아들이 좀 더 크면 꼭 들려주고 싶어서 적어 두고 늘 간직하고 있다고. 나는 30년이 흐른 지금도 그녀가 그 대사를 기억하고 있을지, 지금도 같은 마음일지 궁금했다. 그녀와의 인터뷰가 끝날 무렵 나는 조심스럽게 물었다.

"1992년 토크쇼에서 가장 좋아하는 대사를 말한 적이 있으신데 혹시 기억하시나요?"

그녀는 기억나지 않는다고 했다. 그래서 나는 그 대사를 옮겨 적은 종이를 그녀에게 건넸다. 그녀는 오래전 자신의 삶을 지탱해 준 대사를 물끄러미 바라보다 말했다. 사실 어제 안 좋은 일이 있어서 마음이 힘들었는데 이 글을 보니 눈물이 날 것 같다고. 잠시 후 그녀는 마음을 담아 천천히 그 대사를 읽어 내려갔다.

"내가 대단하고 안타깝게 소중하면, 상대도 마찬가지야. 누구도 누굴 함부로 할 순 없어. 그럴 권리는 아무도 없는 거란다. 그건 죄야."

배우 윤여정, 그녀는 자신의 과거사 때문에 힘든 시간을 겪어야 했지만 그에 대해 억울하다고 소리치지 않았다. 그 누구도 자신을 불쌍한 사람 취급하는 걸 원치 않았기 때문이다. 자신을 함부로 대하는 사람들을 똑같이 대할 수도 있었지만 그러지도 않았다. 오히려 그녀는 자신도 모르게 낯선 타인을 함부로 대하는 실수를 저지를까 봐 조심하며 살았다. "아프지 않은 인생이 어디 있어. 내 인생만 아쉬운 것 같고 내 인생만 아픈 것 같지만 다 아프고 다 아쉽다"고 생각했기 때문이다.

살다 보면 세상이 나를 배척하고, 부당하게 거부하는 듯한 날이 찾아온다. 그럴 때면 나도 모르게 마음이 뾰족해져서 누가 나를 슬쩍 건드리기만 해도 그에게 다 쏟아붓고 싶어진다. 하지만 그라고 오늘이 쉬웠을까. 윤여정 배우의 말처럼 누구도 타인을 함부로 대할 권리는 없다. 그 사실을 절대 잊어서는 안 된다.

내가 강연을 할 때마다
그 약국을 찾아가는 이유

《참 괜찮은 태도》를 내고 첫 북토크가 있던 날이었다. 다큐멘터리 디렉터로 일하며 책을 쓰게 될 것이라는 생각을 해 본 적이 없기 때문일까. 누군가 내게 처음 '작가님'이라고 불렀을 때 깜짝 놀랐다. 그런데 작가로서 북토크까지 하게 될 줄이야. 수많은 사람들 앞에서 강연을 할 생각을 하니 너무 떨리고 긴장되어 입이 바짝바짝 타들어 갔다. '내가 왜 한다고 했을까? 지금이라도 못 하겠다고 할까?'라는 못난 생각으로 며칠을 끙끙대던 나는 정신을 차리고 주변에 조언을 구하기 시작했다. 조언들을 귀담아들으며 마음을 진정시키려고 애쓰는데, 친한 선배가 보다 못해 너무 떨리면 우황청심환을 먹어 보라고, 그러면 도움이 될 거라는 얘기를 해 주었다.

 북토크가 있던 날, 나는 강연장 근처에 도착해서는 바로 약국으로 갔다. 어릴 때부터 집에 큰일이 생길 때면 어머니가 늘 서랍에서 꺼내 먹었던, 꼭 초콜릿처럼 동그란 금박지에 싸여 있었던 그 약을 나도 드디어 접하게 된 것이다.

 약사가 무슨 일로 왔냐고 물어보길래 사람들 앞에서 강연을 해야 하는데 떨까 봐 걱정이라고 했다. 그러자 약사는 무심히 우황청심환을 내밀며 삼십 분이나 한 시간 전에 먹으라는 말을 빠르게 내뱉곤 '다음 분'이라고 했다. 나보고 자리를 비켜 달라는 소리였다. 그냥 우황청심환 하나 달라고 할걸, 괜한 말을 한 것 같아 머쓱해졌다. 한 시간 뒤 나는 사람들 앞에 섰고 강연 내내 많이 떨었다. 우황청심환 덕에 그 정도였는지, 아니면 약이 나에겐 별 효과가 없었던 건지는 잘 모르겠다.

 몇 달 전 나는 또 한 번 강연 요청을 받게 되었다. 대기업이다 보니 천 명이 넘는 사람들이 강연을 듣게 될 거라고 했다. 예전 기억이 떠올라 잠시 망설였지만 그래도 이 기회를 놓치기 싫었다. 첫 북토크 때 너무 떨긴 했지만 내 책을 읽은 독자를 직접 만나 이야기를 나눈 시간은 너무나 소중한 기억으로 남았기 때문이다. 또 떨면 어떡하지 걱정됐지만 실수하더라도 해 보고 후회하자는 마음으로 강연 섭외를 받아들였다.

 이번에는 집 근처 약국으로 갔다. 약사가 무슨 일로 왔느냐고 물었고, 나는 많은 사람들 앞에 서야 하는데 떨릴까 봐 약을 먹으려 한다고 빠르게 말했다. 우황청심환 하나 달라는 말도 빼먹지 않았다. 그런데 웬걸, 약사가 약을 주는 대신 나에게 질문을 하기 시작했다. 무엇이 제일 걱정인지, 얼마나 많은 사람들 앞에 서는 건지, 발표인지 아니면 면접 같은 것인지…. 이런 것까지 왜 물어보는 걸까 싶었지만 나는 질문에 차근차근 대답을 해 나갔다. 그러자 약사는 여러 종류의 우황청심환이 쌓여 있는 서랍장 앞에서 잠시 고민을 하더니 그중 하나를 꺼내 나에게 내밀었다.

"이게 좋을 거예요."

별것 아닐 수 있지만 내 상황에 맞는 약을 고르기 위해 세심히 살피는 약사의 마음이 느껴져서일까. 그 약은 왠지 떨리는 내 마음을 진정시켜 줄 것 같다는 믿음이 들었다.

잠시 뒤 계산을 하고 돌아서는 순간, 약사가 뒤에서 "발표 잘하실 거예요!"라고 말해 주었다. 뒤를 돌아보니 그녀가 나를 보며 미소를 짓고 있었다. 이상하게 마음 한쪽에 따스함이 차올랐다. 그 한마디가 뭐라고 강연장에 도착해서도 뭔가 든든한 응원군이 생긴 것만 같아 힘이 났다. 그래서일까. 그날 강연은 떨지 않고 잘 끝낼 수 있었다. 나에게 맞는 우황청심환을 먹어서 약효가 발휘된 것일 수도 있지만 나는 왠지 약사가 나에게 해 준 그 말 때문이라고 믿게 되었다.

그래서 나는 북토크가 있을 때마다 그 약국을 찾는다. 그리고 "오늘도 잘하실 거예요"라는 약사의 말을 들으면 "그래, 오늘도 잘해 낼 수 있을 거야"라고 생각하게 된다. 그만큼 약사가 나에게 건네는 한마디는 그 어떤 약보다 큰 힘이 되어 준다. 어쩌면 나는 약을 사러 가는 게 아니라 약사의 한마디를 들으러 가는 것일지도 모른다.

그가 환자들에게
최악의 상황을 그대로 말하는 까닭

"제발, 우리 어머니 좀 살려 주세요."

"선생님, 저 이대로 죽는 거 아니죠? 아니라고 말씀 좀 해 주세요."

"선생님, 우리 아들, 살 수 있겠죠?"

서울대병원 신경과 이승훈 교수. 그는 하루에도 몇 번씩 환자와 가족들이 살려 달라고 애원하는 이야기를 듣는다. 하지만 그는 인터뷰하기 전날에도 한 환자에게 꺼내기 어려운 이야기를 전해야만 했다.

"어머님은 지금 심한 뇌경색과 뇌출혈로 돌아가실 가능성이 절반 이상입니다. 좋아진다 하더라도 보호자를 알아보지 못하거나 대화가 안 되거나 휠체어를 타게 될 가능성이 큽니다."

 5분에 한 명꼴로 발병하고 15분에 한 명 사망한다는 뇌졸중. 그런데 뇌졸중에 걸릴 만한 케이스가 아닌 환자들의 경우, 진료를 해 보면 말기 암인 사례가 대부분이다. 그럴 경우 한 달 이내에 사망할 확률이 매우 높다. 하지만 환자와 보호자들은 결코 죽음을 받아들이지 못하고 작은 기적이라도 일어나기를 바라게 된다.

 그런데 그는 그들이 원하는 말을 해 주지 않는다. 오히려 현재 병이 어디까지 진행되었는지를 정확하게 설명하고, 남아 있는 시간 또한 가감 없이 얘기한다. 최악의 상황일지라도 환자와 보호자에게 지금 현재 상태를 정확히 전달할 것, 그는 진료를 하면서 단 한 번도 그 원칙을 어겨 본 적이 없다.

 그가 전공의 3년 차였을 때였다. 그의 아버지가 빈혈의 원인을 찾기 위해 시행한 골수 검사에서 골수형성이상증후군 판정을 받게 되었다. 사실 아버지는 이전에 몇 번 어지럽다고 말한 적이 있었는데 그는 별일이 아닐 거라고 생각하며 그냥 넘어갔었다. 충격을 받은 그에게 의사가 말했다. 위중한 상태는 아니니까 걱정하지 말라고, 치료를 하면서 경과를 지켜보자고.

 그런데 의사의 말과 달리 아버지의 상태는 2개월 만에 급성 백혈병으로 악화되고 말았다. 항암 치료로 조금 나아졌나 싶으면 다시 암세포가 나오고, 또 나오고…. 그러나 당사자인 아버지는 병이 악화되고 있다는 사실을 전혀 몰랐다. 그와 어머니가 아버지에게 현재 상태를 제대로 말한 적이 없기 때문이다. 그는 아버지가 상심하고 절망할까 봐 있는 그대로 말하지 못하고 오히려 좋아지고 있다는 거짓말을 건넸다. 그러면 아버지가 힘을 내어 암과 더 잘 싸울 것이라 믿었다. 하지만 아버지는 자신의 상태가 좋아지고 있다는 착각 속에서 5개월을 투병하다가 끝내 혼수상태로 생을 마쳤다.

그렇게 아버지를 보낸 후 그는 뒤늦게 깨달았다. 자신이 병에 대해 제대로 알리지 않았기 때문에 아버지가 삶을 마무리할 시간을 갖지 못했다는 사실을…. 아버지가 적어도 자신의 상태를 알고 얼마 남지 않은 시간을 어떻게 보낼지 스스로 선택할 수 있도록 도왔어야 했다. 그런데 자신 때문에 아버지는 사랑하는 사람들에게 작별 인사를 건네고, 자신의 삶을 돌아볼 기회를 놓치고 말았다.

"환자도 자신의 병에 대해 모든 것을 알 권리가 있다고 생각합니다."

그는 환자와 가족들이 자신과 같은 후회를 하지 않기를 바란다. 그래서 환자가 자신의 병에 대해 정확히 알고, 삶의 마지막 여정을 스스로 결정할 수 있도록 돕는 것이 자신의 역할이라고 믿는다.

하버드 의대 교수인 아툴 가완디 또한 《어떻게 죽을 것인가》에서 말했다. 환자들은 육체가 파괴되고, 정신이 혼미해지고, 마지막에는 가족과 작별의 인사 한마디 제대로 못 한 채 차가운 병실에서 죽어 간다고, 그 모든 것을 희생한 대가로 우리가 얻을 수 있는 것은 고작 몇 개월의 생명 연장에 불과하며, 그렇게 해서 얻은 약간의 시간 동안 우리가 '남은 삶'을 위해 할 수 있는 것이 아무것도 없다고. 정작 환자들이 원하는 것은 맹목적인 생명 연장이 아니라 남아 있는 시간 동안 삶의 품위를 유지하고, 끝내지 못한 자잘한 일들을 처리하고, 가족을 비롯한 주변 관계를 돈독히 하는 것이라고. 만약 생명을 연장하고자 한다면 바로 그 일상의 가치들을 실현하고 싶기 때문이라고.

아툴 가완디의 말처럼 이승훈 교수도 죽음 자체는 결코 아름다운 것이 아니지만 인간답게 죽어 갈 방법은 있다고 생각한다. 그래서 그는 오늘도 환자와 가족들이 바라는 거짓 희망을 이야기하는 대신 정확한 현재 상태를 이야기한다. 죽음을 앞둔 환자가 끝까지 인간으로서의 존엄성을 잃지 않고 삶을 마무리하기를 진심으로 바라기 때문이다.

제자를 울린 한마디 "네가 아픔을 알잖아"

 2021년 한 유튜브 채널에 올라온 초등학교 선생님과 20대 제자의 만남이 큰 화제가 된 적이 있었다. 영상에 따르면 제자인 주희원 씨는 초등학교 시절 반 아이들로부터 왕따를 당했다. 아이들은 어느 날부터인가 그녀를 투명 인간 취급하며 함께 놀지 않았다. 교실에 가면 아무도 그녀에게 말을 걸지 않았고, 결국 그녀는 외톨이가 되었다. 나중엔 학교에 가는 것 자체가 너무 괴로웠지만 그녀가 할 수 있는 일은 아무것도 없었다.
 그런데 어느 날 담임 선생님이 조용히 다가와 "나랑 보드게임 할래?"라고 물었다. 그날부터 그녀는 방과 후 교실에 남아 선생님과 함께 보드게임을 하기 시작했다. 처음엔 게임만 하다가 시간이 흐르자 선생님은 자연스럽게 물었다.

"요즘 힘든 일 있니?"

그녀는 친구들에게 따돌림을 당해 힘들다는 얘기를 털어놓았다. 하지만 그 후로도 바뀐 건 없었다. 그저 계속해서 선생님과 보드게임을 했을 뿐이다. 그런데 어느 날엔가 선생님이 반 아이 한두 명을 보드게임에 초대하기 시작했다. 덕분에 그녀는 게임을 하며 반 아이들과 말을 트게 되었고 학기 후반이 되자 모두와 어울릴 수 있게 되었다.

나라면 어떻게 했을까? 친구를 따돌리는 건 나쁜 짓이라며 먼저 반 아이들을 혼내지 않았을까? 따돌림당하는 아이에게 섣부른 조언이나 충고를 하지는 않았을까? 과연 그 선생님처럼 슬기롭게 문제를 풀어 갈 수 있었을까?

얼마 뒤 '유 퀴즈' 촬영차 그 이야기의 주인공인 구철수 선생님을 직접 만나게 되었다. 그는 제자가 자신을 좋은 스승으로 기억한다는 말에 손사래를 쳤다. 그저 자신은 해야 할 일을 했을 뿐이라며 제자가 힘든 순간을 잘 극복해서 그 시절을 좋게 추억하게 된 것이 참 감사하다고 했다.

"공부 잘하고 어디서든 사랑받는 아이들도 있지만 관심과 보살핌이 필요한 아이들도 많아요. 그리고 가만히 다가가 이야기를 들어 보면 제가 해결해 줄 수 없는 일들도 있지만 이야기를 들어 주는 것만으로도 풀리는 게 있더라고요."

그는 아이가 엇나가는 행동을 할 때 어른들이 손가락질하며 너무 쉽게 '문제아'로 낙인찍어 버리는 것이 안타깝다고 했다. 아이가 아무리 불우한 환경에 처해 있어도 좋은 어른이 곁에 한 명만 있으면 그 아이가 잘 자랄 수 있다고 믿기 때문이다.

실제로 카우아이 섬 종단 연구는 좋은 어른의 중요성을 잘 말해 준다. 미국의 심리학자인 에미 워너는 1955년 하와이의 카우아이 섬에서 태어난 신생아 698명을 대상으로 40대 중반까지의 삶을 추적했다. 열악한 가정 환경은 아이의 인생에 어느 만큼 나쁜 영향을 미칠까?

1955년 당시 카우아이 섬은 아이를 키우기에 결코 좋은 환경이 아니었다. 워너를 중심으로 한 연구팀은 그중에서도 가장 열악한 환경에서 자란 201명을 추려 냈다. 찢어지게 가난한 가정, 가정불화가 심해 부모가 별거 혹은 이혼을 한 가정, 부모 중 최소 한 명은 알코올 중독이나 정신 질환을 앓고 있는 가정 등 그 열악함은 이루 말할 수 없었다.

그런데 놀랍게도 그중 약 3분의 1인 72명의 아이는 불우한 환경에 굴하지 않고 배려심과 뛰어난 능력까지 갖춘 훌륭한 인재로 성장했다. 불행한 가정 환경에서 자란 아이는 사회 부적응자가 될 확률이 매우 높을 것이라는 가설을 세웠던 연구팀은 당황했다.

그 뒤 연구팀은 질문을 바꾸어 어떻게 그 아이들은 극단적인 환경에서도 잘못되지 않았을까를 살펴보기 시작했다. 마침내 그들은 훌륭한 인재로 자라난 사람들의 공통점을 하나 찾게 되었다. 그 아이들의 곁에는 어떤 상황에서도 무조건적으로 아이를 믿어 주고, 응원해 주는 좋은 어른이 한 명씩은 꼭 있었다. 부모든 선생님이든 동네 어른이든 언제나 내 편이 되어 주는 '기댈 언덕'이 있었던 것이다.

그래서 구철수 선생님은 오늘도 아이를 포기하지 않는다. 그 마음이 분명 아이에게 가닿을 것이라고 믿기 때문이다. 제자인 주희원 씨는 20대가 되어 구철수 선생님과 만난 자리에서 이렇게 말했다.

"선생님, 저 잘 웃고 잘 지내요. 친구도 되게 많아요."

그러면서 그녀는 선생님에게 받은 마음에 보답하고 싶어서 초등학교 교사가 되었다고 했다. 그 말을 들은 선생님은 조용히 말했다.

"난 네가 선생님이 된 게 참 좋아. 왜냐하면… 네가 아픔을 알잖아. 그거 하나면 됐다고 봐. 아파하는 애들을 그냥 두고 보지는 않을 테니까."

따돌림을 당한 아이 곁에는 기꺼이 친구가 되어 보드게임을 같이 해 준 선생님이 있었고, 그 덕에 아이는 끔찍하고 힘든 고통의 시간을 잘 견뎌 낼 수 있었다. 그런데 오랜만에 만난 선생님은 또다시 제자의 마음을 따뜻하게 어루만져 주었다. '왕따를 당한 아이'가 아니라 '아픔을 아는 아이'여서 선생님으로서 잘 해낼 거라고. 그들의 이야기를 들으며 나는 생각했다. 나는 누군가에게 한 번이라도 든든하게 '기댈 언덕'이 되어 준 적이 있을까. 이제 마흔

살도 훌쩍 넘었는데, 그 질문에 떠오르는 얼굴들이 많지 않았다.

'내가 살면서 제일 황당한 것은 어른이 되었다는 느낌을 가진 적이 없다는 것이다. 결혼하고 직업을 갖고 애를 낳아 키우면서도, 옛날 보았던 어른들처럼 내가 우람하지도 단단하지도 못하고 늘 허약할 뿐이었다. 그러다 갑자기 늙어 버렸다. 준비만 하다가.'

황현산 고려대 명예 교수의 글을 읽으며 고개를 끄덕이게 된다. 정말 큰일이다. 나는 언제쯤 어른이 될 것인가.

그 어떤 것도 위로가 되지 않을 때

추운 겨울 차가워진 손을 주머니에 넣을 때면 떠오르는 곳이 있다. 통영 동암마을, 그곳에서는 겨울이 시작되는 11월이면 길거리를 오가는 사람을 거의 찾아볼 수 없다. 김장철을 맞아 굴 수요가 폭증하는 그맘때면 마을 사람들이 모두 '박신장'으로 모여들기 때문이다. 박신(剝身)은 껍질을 벗긴다는 뜻이고, 박신장은 굴 껍질을 까는 공장을 말한다. 굴 박신은 하루 12시간 꼬박 서서 해야 하는 고된 일이지만 특별한 기술 없이 손힘만으로도 돈을 벌 수 있다. 그래서 자식 뒷바라지를 해야 하는 이들에게 그것은 든든한 생계 수단이 되어 왔다.

새벽 4시, 박신장은 굴 껍질을 까기 위해 모여든 30~40여 명의 아주머니들로 분주해졌다. 그들은 작업대에 산처럼 쌓여 있는 굴 앞에 서서 익숙한 듯이 굴을 하나씩 까기 시작했다. 신속하고 날랜 손놀림으로 단단한 껍질에 숨어 있는 굴의 속살을 꺼내 그릇에 담고, 그릇을 다 채우면 저울로 가져가 무게를 재고, 칠판에 자신의 작업량을 체크했다.

손자 학비를 벌기 위해 일하는 할머니, 허리를 다쳤지만 자식에게 기대고 싶지 않아 노후를 준비하기 위해 일한다는 60대 아주머니, 이제야 부모님의 마음을 알 것 같다는 30대 젊은 아낙네까지, 나이도 사연도 모두 다르지만 그들은 밥 먹는 시간도 아까운지 허겁지겁 싸 온 음식을 입에 욱여넣고는 또다시 굴을 까기에 여념이 없었다. 무게가 늘어나는 만큼 퇴근길에 돈을 더 받을 수 있어서일까. 끝없이 쌓인 굴에 압도될 법도 하고, 손에는 언제 어디서 다쳤는지 모를 자잘한 상처가 아물 날이 없지만 그곳엔 흥겨운 콧노래와 웃음이 가득했다.

오후 5시, 산처럼 쌓여 있던 굴이 바닥을 보이자 아주머니들이 하나둘씩 퇴근을 하기 시작했다. 잠시 후 아주머니들이 모두 퇴근을 하고 떠들썩했던 작업장이 조용해지자 박신장 사장 부부만 남았다. 이틀 동안 취재하며 가까워진 덕분이었을까. 정리를 하던 아내가 문득 얘기를 꺼냈다. 사실 바다를 업장 삼아 30년 넘게 이 일을 해 오고 있지만 자신들에게 가장 큰 아픔을 준 것도 바다라고. 아들이 어렸을 때 일터에 놀러 왔다가 배와 뗏목 사이에 빠졌는데 남편은 배에서 기계를 손보느라 아들이 바다에 빠진 것을 미처 보지 못했다. 그렇게 한순간에 부부는 아들을 떠나보내고 말았다.

"자식이 죽으면 가슴에 묻는다는 말이 뭔지 알 것 같아요."

아내의 이야기를 들으며 나는 묵묵히 뒤에서 작업하고 있는 남편을 바라봤다. 얼굴이 보이지 않아 그가 어떤 표정인지 알 수 없었지만 작업장을 가득 채운 무거운 공기가 꼭 그의 마음인 것처럼 느껴졌다. 아들을 빼앗아 간 바다를 매일 보고 살아야 하는 부모의 마음을 내가 어떻게 헤아릴 수 있을까.

그는 초등학교 5학년 되던 해에 갑자기 아버지를 여의었다. 하지만 아버지의 죽음을 슬퍼할 겨를도 없이 어머니와 4남매는 당장 생계를 걱정해야 했다. 집도 없고 밭도 없고 당장에 먹을 것도 없었다. 그래서 그저 배고픔이라도 해결할 요량에 시작한 게 바로 이 굴 까는 일이었다. 다른 친구들이 잠잘 때도 일하고, 학교 갈 때도 일하며 열심히 굴을 까서 돈을 모았지만 늘 돈은 부족했다. 한번은 동생이 하숙비가 안 들어왔다며 전화를 걸어왔다. 그는 차마 돈이 없다는 말을 할 수 없었다.

"동생한테 하숙비 없다고 하면 그렇잖아요. 동생이 나쁜 짓이라도 할까 싶어서 돈 없단 말을 못 했어요. 빚을 내서라도 하숙비만큼은 정확하게 보냈어요. 제가 못 먹어도…."

그래도 그는 바다가 고맙고, 굴 까는 일이 좋았다. 바다가 밥을 먹게 해 주고, 따뜻한 방에 잘 수 있게 해 주고, 사랑하는 아내를 만나게 해 주고, 눈에 넣어도 안 아픈 아들을 얻게 해 주었기 때문이다. 하지만 아들을 잃고 그의 세상은 무너졌다. 아들을 빼앗아 간 바다가 너무 밉고 원망스러웠다. 하지만 굶어 죽을 수 없어서 다시 바다로 나갔다. 차분히 말을 이어 가던 남편은 끝내 목이 메는지 말을 멈추었다. 그리고 바다를 보며 크게 숨을 내쉬었다.

추운 겨울 한 포장마차에서 20대 남자 둘이 술을 마시고 있었다. 그들은 같은 회사에 다니는 선후배 관계로, 보험 설계사였다. 3년 차인 선배는 주간지에 소개될 정도로 실적이 좋은 보험 설계사였다. 그는 입사했을 때 회사에서 영업에 도움이 될 만한 화술 책을 받았다. 하지만 연습할 상대가 마땅치 않아 집에서 키우던 개구리를 상대로 수백 번 넘게 연습했다고 했다.

이야기를 듣고 있던 1년 차 후배는 그저 선배가 부러울 뿐이라며 자신은 몇 달 동안 실적이 좋지 않다가 지난달 조금 실적이 좋아서 한숨을 돌렸는데 이번 달은 또 어떻게 해야 할지 앞이 캄캄하다고 했다. 사실 술도 힘들어서 먹는 거라고 했다.

후배에게 위로를 해 주고 싶었던 걸까. 선배는 오래전 이야기를 꺼냈다. 어떤 고객이 보험을 들겠다며 자신의 집 앞으로 오라고 하기에 기쁜 마음으로 달려갔다고 한다. 그런데 고객은 약속 시간을 넘어 자정이 될 때까지 나타나지 않았다. 그래도 혹시나 하는 마음에 그는 계속 고객을 기다렸다. 다리는 후들거리고 춥고 배는 고프고 화도 나고 서글프기도 했지만 조금만 더 버텨 보자 싶었다. 나중에는 지금까지 기다린 게 아까워서 버텼다.

어느덧 시간이 새벽 3시를 넘어갔다. 그제야 연락이 닿은 고객은 이렇게 말했다. 미안하지만 사실 자신의 여자 친구가 보험회사에 다니고 있어서 이미 그쪽에 가입을 했는데 당신이 정말 기다릴지 보고 싶어서 그랬다고. 그렇게 어이없는 전화 한 통이 끝이었다. 빈손으로 터덜터덜 집에 돌아간 그는 샤워기를 틀어 놓고 꺼이꺼이 울었다. 그는 그렇게 진상 고객을 만나 호된 경험을 한 게 나중에는 도움이 되었다고 했다.

후배는 말없이 선배에게 술을 건넸고, 한 잔 가득 입에 털어 넣은 선배는 술맛이 썼는지 '크' 하며 숨을 뱉었다.

어릴 적 나는 착하게 살면 복을 받을 거라고, 열심히 살면 좋은 일만 생길 거라고 믿었다. 그래서 착하게, 열심히 살아야지 했다. 그런데 아무리 착하게 살아도 불행이 찾아올 때가 있었다. 처음에는 그 사실을 받아들이기가 힘들었다. 하지만 이내 세상이 원래 불공평하고 불합리하다는 사실을 깨닫게 되었다. 그렇다고 때때로 화가 나지 않았던 것은 아니다. 특히나 '다큐 3일'과 '유 퀴즈'에서 수많은 사람들을 만나 그들의 안타까운 이야기를 듣고 있노라면 '이게 맞나' 하는 생각이 자주 들었다. 그들이 불행 앞에서 무너지지 않고 끝끝내 버티는 모습을 보고 있노라면 눈물겹다는 생각이 들기도 했다.

하지만 나는 그들에게 쉬이 위로의 말을 건네지 못했다. 무슨 말을 건네야 할지 엄두가 나지 않았기 때문이다. 그저 살다 보면 그 어떤 말로도 위로가 되지 않는 순간이 있고, 그럴 때는 섣부른 위로를 건네기보다 가만히 옆에 있어 주는 게 낫다는 것을 배웠을 뿐이다.

그런데 최근 한 드라마를 보다 그들에게 들려주고 싶은 위로의 말을 찾게 되었다. 드라마 '미지의 서울'에서 미지는 공부를 잘해 항상 주목받는 언니와 달리 딱히 내세울 것이 없어, 자신을 늘 초라하게 여긴다. 그러다 어느 날 달리기에 소질이 있다는 사실을 알게 된다. 달릴 때만큼은 자신도 반짝반짝 빛난다는 것을 느낀 것이다. 하지만 주목받는 육상 선수가 된 것도 잠시, 발목 부상으로 더 이상 달리기를 할 수 없게 된다. 그 뒤 미지는 3년 동안 방에 틀어박혀 아무것도 하지 못하는데 어느 날 할머니에게 말한다.

"다시 아무것도 아닌 때로 못 돌아가겠어. 거기밖에 돌아갈 데가 없는 것도 아는데 너무 초라하고 지겨워. 나한테 남은 날이 너무 길어서 아무것도 못 하겠어. 할머니, 나 너무 쓰레기 같아."

"사슴이 사자 피해 도망치면 쓰레기야? 소라게가 잡아먹힐까 봐 숨으면 겁쟁이야? 다 살려고 싸우는 거잖아. 미지도 살려고 숨은 거야. 암만 모냥 빠지고 추저분해 보여도 살자고 하는 짓은 다 용감한 거야."

아무리 모양 빠지고 추저분해 보여도 살자고 하는 짓은 다 용감한 거라는 할머니의 말이 마음에 와닿았다. 그 어떤 것으로도 위로가 되지 않았던 날 그 말은 내게 깊은 위로가 되어 주었다. 그래서 뒤늦게나마 인생의 겨울을 지나고 있는 모든 사람들에게도 그 말을 전해 주고 싶다. 살자고 하는 짓은 다 용감한 것이라고. 그리고 한번 믿어 보면 어떨까. 지금은 너무 춥고 힘들지만 겨울은 지나갈 테고, 그러면 따스한 봄이 찾아올 것이다. 나에게도 당신에게도 분명히 봄은 온다.

CHAPTER 3

나는 나에게
어떤 말을
가장 많이 하고 있을까

: 나에 대한 이해

그때 나에게 미처 하지 못한 말

유난히 추웠던 겨울, 나는 동안거(冬安居, 승려들이 음력 10월 15일부터 이듬해 1월 15일까지 일정한 곳에 머물며 외출을 삼가고 참선과 수행, 경전 공부에 전념하는 일)에 들어간 스님들의 모습을 촬영하기 위해 부산 범어사에 머무르고 있었다. 해가 질 무렵, 마당 한편에 20대 청년 셋이 눈에 띄었다. 한 명은 열심히 풍경을 카메라에 담고 있었고, 나머지 둘은 그 옆에서 조용히 그 모습을 지켜보고 있었다. 알고 보니 그들은 제대한 지 얼마 안 된 대학생들이었고 모두 취업을 고민하고 있었다. 그런데 잠시 후 곁에 서 있던 학생이 내게 조심스럽게 물었다.

"지금 하시는 일, 좋으세요?"

"저요? 그럼요."

"어떻게 보면 꿈을 이루신 거네요."

"네, 저는 그래요."

그는 고개를 숙이고 바닥을 바라보며 조용히 말했다.

"그렇구나."

"어떤 일 하고 싶은데요? 꿈이 뭔데요?"

"그냥 오래 할 수 있는 일요. 그래서 CAD 같은 컴퓨터 프로그램을 배우고 있어요."

그는 마치 자신의 말이 부끄러운 듯 뒷걸음쳤다. 왜 그는 나에게 하고 있는 일이 좋으냐고 물었을까. 왜 자신의 꿈을 말하면서는 머뭇거렸을까. 그 이유는 옆에 있던 다른 학생이 대신 말해 주었다.

"형이 원래는 만화가가 꿈이었거든요. 근데 현실적인 문제에 부딪혀서 접었어요."

CAD를 배우고 있다는 학생은 군대에 있으면서 앞으로의 삶에 대해 정말 많이 생각해 봤다고 했다.

"이제 복학하고 나면 공부, 그다음은 취업, 또 일하다 보면 노년이 오겠죠. 그때까진 지금처럼 놀 수 없을 거예요."

은퇴하고 나서야 비로소 인생을 즐길 수 있을 거라는 그의 말에 옆에 있던 학생들도 고개를 끄덕였다. 이제 겨우 20대 중반에 자신의 꿈을 접고 그저 오래 할 수 있는 일을 찾고 있었다. 게다가 60대가 될 때까지는 그렇게 살 거라는데, 듣는 것만으로도 숨이 막혔다.

"근데 노년을 위해 지금을 그렇게 바쁘게 살아야 한다면 20대 그 시절한테는 미안한 일이 아닐까요? 다시 안 돌아올 텐데…."

그들은 잠시 말이 없었다. 그리고 그중 한 명이 장난스럽게 말했다.

"그래서 방학이 있잖아요."

하지만 정작 내게 지금 하는 일이 좋으냐고 물었던 학생은 말없이 고개를 숙였다가 하늘을 쳐다보았다. 뭐가 생각이 많은 듯보이는 그에게 나는 끝내 대답을 듣지 못했다. 그런데 오히려 그 침묵이 그의 가장 진실된 답처럼 보였다. 그가 침묵 속에서 스물네 살의 자신을 솔직하게 들여다보고 있는 듯한 느낌이 들었기 때문이다.

그 후로 나는 가끔 그 순간이 떠오르곤 했다. 나의 스물네 살을 떠올려 보며 스스로에게 미안한 게 없었는지 생각해 보게 되었다. 그러다 문득 다른 사람들은 그 질문 앞에서 어떤 대답을 할지 궁금했다. 그래서 '다큐 3일'과 '유 퀴즈'에서 만난 사람들에게 물었다.

"그 시절 자신에게 어떤 말을 해 주고 싶나요?"

그런데 신기하게도 그 질문 앞에서는 20대 청년도, 50대 역무원도, 뇌과학자도, 방앗간 사장도 한결같이 맨얼굴이 되었다. 갑자기 북받쳐 오르는 감정에 목이 메거나, 조용히 눈시울을 붉히거나, 잠시 말을 잃은 채 마음속으로 무언가를 떠올리는 듯한 표정을 지었다. 그 질문을 받은 순간 그 시절에 겪었던 수많은 일들이 주마등처럼 스쳐 지나가고, 그 장면들 속에서 고군분투했던 자신을 다시 마주하게 되었던 것이다.

그들의 대답은 모두 달랐지만 어떤 면에서는 모두 같았다. 그들은 과거의 자신을 애틋하고 너그러운 시선으로 바라보았다. 그리고 누구보다 자신의 고단함을 가장 잘 알고 있기에, 마치 부모가 자식의 등을 토닥이듯, 스스로에게 다정한 말을 건넸다.

강옥아, 스물아홉에 전라도에서 서울 와서 고생 많았지? 살다 보니 인생 별거 없더라. 결혼도 하고 이제는 살 만하다.
−용산역에 근무하는 한 역무원

스무 살의 윤주야. 미국에서 허망하게 바라봤던 그 하늘을 난 아직도 기억하거든. 20대 때 너무 힘들게 지나왔던 시간들. 가족들에게 도움이 돼야 했던 그 모든 책임감들. 그럼에도 그 시간을 잘 견뎌 줘서 너무 고맙고 대견하네. 이제 내가 너를 지켜 줄게. 고마워.
−장윤주(모델)

정말 치열하게 악다구니 썼던, 잘되기 위해서 발버둥 쳤던 남주야, 잘했어. 그렇게 처절하게 해서 오늘날의 내가 있는 거니까. 근데 참 안되고 딱하네, 네가….
−김남주(배우)

상연아, 진짜 네가… 학교도 중학교밖에 졸업 못 하고 집안 형편도 어려워서 열일곱 살 때 기술 배우려고 부산까지 내려왔잖아. 그때 서울 말씨 쓴다고 간사스럽다고 사람들이 욕했을 때, 열일곱 살짜리가 뭘 알겠어. 그래도 나는 가난했던 부모를 원망하지 않아. 그게 부모의 죄는 아니니까. 그래도 20대 때는 남들처럼 좀 놀기도 해야 하는데 그러지 못해서 미안하네.

— 이상연(부산의 한 선박 전기 수리공)

혜리야, 30대 되면 더 예뻐지고 더 잘될 테니까 걱정하지 마. 너 20대 때 귀엽고 예쁘고 사랑스러운 거 다 하느라 고생했어. 늘 '해낸 게 없어'라는 생각이 들어 힘들겠지만 잘해 냈다.

— 혜리(가수, 배우)

그 질문에 답했던 수많은 사람들 중 한 명이 대답을 마치고 내게 물었다.

"감독님은 20대의 자신에게 무슨 말을 해 주고 싶나요?"

그 시절 나는 방황했고 좌절했다. 때론 상처받고 주저앉기도 했다. 그런데 시간이 지나고 보니 그 모든 순간들이 결국에는 내 삶을 구성하는 중요한 의미가 되어 있었다. 그래서 나는 나에게 말해 주고 싶었다.

"아직은 알 수 없어도 결국 모든 것이 진정한 너를 찾는 길이 될 거야. 그러니 방황하는 너를 조금만 너그럽게 바라봐 줘."

그런데 그가 내 대답을 듣더니 다시 물었다. 지금은 자신을 너그럽게 봐주고 있느냐고. 나는 잠시 할 말을 잃었다. 그리고 깨달았다. 나는 여전히 나에게 너그럽지 않다는 사실을. 남들에겐 다정한 말을 건네려고 애쓰면서 정작 나 자신에게는 다정한 말을 건네지 못하고 있었다. 격려와 응원의 말이 필요한 건 바로 나 자신이었다.

그런데 어떻게 나를 지지하고 격려할 것인가. 미국 휴스턴대의 연구 교수인 브레네 브라운은 "당신이 사랑하는 사람에게 말하듯, 자신에게도 말하라"라고 말했다. 가장 사랑하는 사람의 얼굴을 떠올리며 그에게 해 주고 싶은 말을 나 자신에게도 똑같이 해 주라는 얘기다. 그의 마음을 위로하고 그에게 힘이 되는 말을 하고 싶을 때 그 말을 나 자신한테도 똑같이 하고, 반대로 그에게는 차마 하지 않을 말, 이를테면 그를 위축시키고 상처가 될 말을 나 자신한테도 하지 않는 것이다. 그렇게 해 보면 알게 된다. 내가 얼마나 부정적이고 비판적인 말들로 나 스스로를 몰아붙여 왔는지를…. 사회에서 내 자리 하나 마련하기 위해 수많은 일들을 해 왔지만 정작 나를 돌보는 일에는 얼마나 소홀했는지를….

나는 10년 뒤 다시 나에게 해 줄 말을 떠올렸을 때 지금과 똑같은 말을 하지 않기를 바란다. 나를 돌보고 소중하게 대하는 것이 건강한 삶의 시작임을 이제는 알기 때문이다.

우리가 누구인지를 결정하는 건
우리의 능력이 아니란다, 우리의 선택이지

2017년 한국 여성 최초로 40대 초반의 나이에 미국 스탠퍼드대 종신 교수가 된 이진형. 그녀의 어릴 적 꿈은 과학자가 되는 것이었다. 개인적으로 성공해 편한 삶을 사는 것보다는 사회에 도움이 되는 일을 하고 싶었다. 그래서 서울대 전기공학과에 들어갔고, 미국 스탠퍼드대로 유학을 가서 전기공학 석·박사 학위를 받았다.

그런데 그 무렵 외할머니가 뇌졸중으로 쓰러졌다. 외할머니와 애틋한 사이였던 그녀에게 그 소식은 큰 충격이었다. 그녀는 유학길에 오를 당시 외할머니가 싸 준 장조림을 조금씩 아껴 먹다 어느 날 열어 보니 곰팡이가 생겨 더 이상 먹지 못하게 되었을 때의 아쉬운 마음을 지금도 생생히 기억하고 있다. 친구에게 상처를 받았을 때 외할머니의 목소리를 듣고 싶어 전화했는데 며칠 뒤 미국으로 배달된 할머니의 편지를 보고 감동했던 기억도 소중히 간직하고 있다.

그렇게 따스한 사랑으로 자신을 지켜 준 할머니가 하루아침에 반신불수가 되어 몸을 움직이지 못하게 되자 그녀는 너무 괴로웠다. 자신이 할 수 있는 게 아무것도 없었기 때문이다. 무엇보다 그녀를 괴롭게 만든 건 뇌 질환의 원인을 정확히 알 수 없어 치료가 어렵다는 의사의 말이었다. 그때 그녀는 생각했다. '컴퓨터나 휴대폰은 고장 나면 고칠 수 있는데 왜 뇌는 그렇게 하지 못할까?'

할머니의 병을 어떻게든 고쳐 드리고 싶었던 그녀는 그때부터 뇌를 공부하기 시작했고 반갑게도 뇌가 회로란 사실을 알게 되었다. 뇌의 신경 세포들이 회로를 이뤄 신호를 주고받는 시스템인데 그 작동 방식을 알면 오류를 바로잡아 정상적으로 통신하게 만들 수 있지 않을까. 하지만 그런 식으로 뇌에 접근하는 사람은 아무도 없었다.

당시 그녀는 로스앤젤레스 캘리포니아대 교수로 임용된 상황이었는데 그것을 미루면서까지 뇌 연구에 몰두하자 지도 교수와 주변 사람들 모두 "커리어 망가진다", "전기공학자가 어떻게 뇌 연구를 하냐"며 그녀를 말렸다. 그리고 간질이나 치매에 대해 알고 싶어 학회에 가면 "당신은 뭐냐, 뇌과학 전공자도 아니고 의사도 아닌 사람이 간질이나 치매에 대해 뭘 아냐"며 배척당했다. 그럼에도 고군분투 끝에 미국 국립보건원에 제출한, 뇌를 전기 회로도처럼 분석하는 연구 과제가 채택되어 펀딩을 받게 되었다.

그녀는 기쁜 마음으로 지하 연구실에서 매일 새벽 2시까지 뇌 연구를 하기 시작했다. 하지만 100번의 시도가 모두 실패로 돌아갔다. 그러자 한번 해 보라고 격려해 주었던 소수의 사람들마저 '이제 그만해라, 할 만큼 했다'며 그녀를 말리기 시작했다. 포기하는 게 맞을까.

하지만 그녀는 포기하지 않았고 120번의 시도 끝에 결국 성공을 거두었다. 그 결과 그녀는 연구 성과를 인정받아 스탠퍼드대 종신 교수가 되었고 2019년에는 미국 국립보건원이 새로운 패러다임을 제시한 과학자에게 수여하는 '파이어니어상'을 받게 되었다. 주위의 만류와 반대에도 불구하고 뇌 연구를 포기하지 않은 결정적인 요인이 뭐냐고 묻자 그녀는 말했다.

"동기 부여가 내부에서 와야 해요. 내가 할 수 있겠다는 내부의 동기가 분명했기 때문에 버틸 수 있었어요. 주변에서 하라고 해서 했으면 비난받았을 때 바로 그만두고 싶었을 텐데 내가 스스로 결정한 것이기 때문에 이겨 낼 수 있었습니다. 그리고 비난만 쏟아지면 아무래도 견디기가 힘들어요. 힘들 때 다독여 주는 친구나 가족이 반드시 있어야 해요. 성공을 거두었을 때도 마찬가지죠. 옆에 아무도 없으면 즐겁지 않을 거예요. 그럴 때 옆에서 잘했다고 말해 주는 사람들이 있어야 행복한 법이에요."

공대생 하면 으레 남자를 떠올리던 시절에 여자로서 공학을 공부하며 겪은 일들, 미국 유학 시절 경험한 외국에서 온 동양 여성에 대한 편견, 전기공학자인데 다른 분야인 뇌를 공부하며 겪은 수많은 오해와 편견… 그녀는 살아오며 공부와 연구를 한 시간보다 자신을 둘러싼 수많은 오해, 편견과 싸운 시간이 더 많았다고 고백한다. 굳이 그 길을 선택하지 않았다면 만나지 않았을 장애물도 수없이 만났다. 그녀는 힘들 때마다 이제 그만 포기할까 생각했다.

하지만 그때마다 꿈꾸는 미래의 청사진을 다시 확인해 보고, 정말 가치가 있는 도전인지, 자신이 그 일을 해낼 수 있을지 열심히 고민했다. 그런데 실패가 내 인생에 어떤 영향을 미칠지에 대한 두려움보다 상상 속의 미래를 만들어 보고 싶은 열망이 더 강했다. 그래서 그녀는 쉽고 편한 길 대신 힘든 도전을 선택해 왔다.

그녀는 최근 영화 '해리 포터와 비밀의 방'을 보다가 보물과도 같은 대사를 발견했다. 주인공인 해리는 자신이 악당 톰 리들과 공통점이 많은 것을 깨닫고 덤블도어 교수에게 묻는다.

"제가 톰 리들 같은 악당이면 어떻게 하죠?"

그러자 덤블도어 교수가 대답한다.

"해리야, 우리가 누구인지를 결정하는 건 우리의 능력이 아니란다. 우리의 선택이지."

그녀는 덤블도어 교수의 말처럼 인생에서 중요한 건 선택이라고 생각한다. 그녀는 이제껏 수많은 선택의 갈림길에서 사람들을 이롭게 하는 일을 선택해 왔고 그 선택을 후회해 본 적이 없다. 그녀는 비록 외할머니의 병을 치료해 드리지는 못했지만, 치매와 수면 장애, 파킨슨병, 자폐, 간질 등 아직까지도 해결 못 한 뇌 질환을 정복하기 위해, 그래서 더 많은 사람들을 살리기 위해 최선을 다할 것이라고 말했다.

그녀를 보며 깨달았다. 오해와 편견이 사람을 힘들게 할 순 있지만 그것이 잘못된 선택을 하는 이유가 될 수 없다는 것을. 최악의 상황에서도 올바른 선택을 하는 것이 가능하다는 것을.

도둑에게 남긴 품격 있는 당부의 글

 18년 동안 애지중지 키워 온 꽃을 도둑맞으면 어떤 기분이 들까. 도둑을 기어코 잡고 싶을까? 아니면 어쩔 수 없다 생각하고 말까? 내가 이런 생각을 하게 된 건 며칠 전 우연히 SNS에서 발견한, 한 장의 사진 때문이었다. 그 사진에는 흙만 남은 화단 앞에 누군가가 써 붙인 글이 찍혀 있었다.
 "부탁드립니다.
 이곳에 심겨 있는 작약을 어느 분이 모두 무참히 캐 갔습니다. 여러 포기였는데 이것으로 마지막이 되었습니다. 저희가 18년 동안 가족처럼 애써 가꿔 온 것들입니다. 꽃봉오리가 올라와 이번 주에 꽃을 볼까 했는데 섭섭하네요.

오랫동안 이곳을 지나며 해마다 봄이 되면 작약꽃을 보시던 분들의 마음도 저희와 같으시겠지요.

무슨 사연인지는 몰라도 캐 가신 분을 나쁘다고 단정해서 말하지는 않겠습니다. 다만 급하게 캐 가셔서 뿌리가 상하고 꽃봉오리가 시들어 떨어지지 않을까 걱정입니다. 부디 올라오는 꽃송이가 다치지 않게 잘 키우시길 부탁드립니다. 좀 더 일찍 봄에 캐 갔다면 이런 걱정을 하지 않았을 텐데… 잘 키우셔서 갖고 가신 분의 가정이 보다 밝고 환해졌으면 좋겠습니다."

처음에는 세상에 꽃을 훔쳐 가는 도둑도 있구나 싶었는데, 18년 동안 애써 가꿔 온 꽃이라는 말에 내가 다 안타까웠다. 그토록 아끼던 꽃을 도둑맞고 얼마나 슬펐을까. 나 같으면 너무 속상해서 '화가 난다'라거나 '이 나쁜 놈'이라며 분노의 말을 쏟아 냈을 텐데 작약꽃의 주인은 그러지 않았다. 그저 주인은 도둑에게 '나쁘다고 단정 짓지 않겠다'며 이해의 말을 건넸고, 나중에는 '잘 키워 달라'는 당부와 '가정이 보다 밝고 환해졌으면 좋겠다'는 축복의 말을 건넸다.

이보다 더 우아하게 잘못을 타이를 수 있을까. 내가 만약 도둑이라면 경찰 앞에서가 아니라 이런 글 앞에서 진심으로 부끄럽겠다는 생각이 들었다. 더 나아가 비록 훔친 꽃이지만 정성스럽게 키워야겠다는 결심도 하게 되지 않을까. 그러다 문득 작약꽃의 주인이 궁금해졌다. 어떤 삶을 살고 있으면 이런 글을 남길 수 있을까. 나는 언제쯤 꽃의 주인처럼 상실의 순간에도 품위를 잃지 않고 남을 미워하기보다 이해해 보려는 마음을 가질 수 있을까. 밀려드는 불쾌한 감정을 어쩌지 못해 후회할 걸 알면서도 미운 말들을 쏟아 낸 날들이 부끄러워지는 밤이었다.

많이 무서울 때는
그게 뭔지 꼭 확인해 봐야 한다

가슴이 너무 답답했던 날이었다. 그래서 무의식중에 버스를 타고 가다 그냥 모르는 곳에 내려 무작정 걸었다. 문득 고개를 들어보니 바로 앞에 시장이 있었다. 반가웠다. '다큐 3일'을 찍을 때 시장 풍경을 촬영한 적이 많았는데 그때마다 왠지 모르게 힘이 나곤 했기 때문이다.

시장은 여전했다. 하나라도 더 팔기 위해 애쓰는 상인, 조금이라도 깎으려고 상인과 실랑이를 벌이는 손님, 호떡과 떡볶이를 먹으며 웃는 사람들, 그 사이를 비집고 지나가며 수다를 떠는 행인들까지… 삶의 활력이 넘쳐흐르는 모습을 보니 문득 진주중앙시장에서 부침개를 팔던 이석춘 사장이 떠올랐다. 기름판 위에서 수수부꾸미를 뒤집던 그녀는 이렇게 말했다.

"이건 행운의 수수부꾸미예요. 내가 기분 좋게 만드니까 그게 전해져서 손님도 기분이 좋아지겠지? 그러면 뭐든 잘 풀리고 좋은 일이 생기겠지? 그러니 행운의 수수부꾸미지."

그녀가 동그랗게 구운 수수부꾸미를 한쪽에 가지런히 올려놓자 맛있는 냄새에 이끌린 손님들이 하나둘씩 찾아왔다. 그녀는 그들을 반갑게 맞이했고 내내 미소를 잃지 않았다. 하루 종일 뭐가 저리 즐거울까 싶었는데 실은 큰 실패 끝에 이 시장에 오게 되었다는 그녀의 이야기를 듣고서야 그 미소가 다시 보였다.

그녀는 평생 모은 돈으로 식당을 열었다. 하지만 누군가의 지갑을 연다는 건 단지 열심히 한다고 되는 일이 아니었다. 식당은 망했고 그녀는 전 재산을 잃었다. 처음 겪는 큰 실패 앞에서 그녀는 무너지고 말았다. 며칠을 거의 정신이 나간 채로 지냈다. 모든 것이 허무하고 더 이상 살아 있을 이유가 없는 것만 같았다.

"순간적으로 눈 딱 감고 수면제 한 주먹 털어 넣으면 끝낼 수 있다는 생각도 했어."

그런데 그처럼 몸도 마음도 바닥을 쳤을 때 어디선가 아버지의 목소리가 들려왔다. 어린 그녀를 무릎에 앉혀 놓고 아버지는 이렇게 말하곤 했다.

"춘아, 많이 무서울 때는 그 무서운 게 뭔지 찾아서 꼭 확인해 봐야 한다. 막상 확인해 보면 별것도 아닌 것 때문에 내가 떨었구나 싶고, 그때부터는 안 무서울 거야."

그녀는 마음을 다잡고 자신의 상황을 냉정하게 들여다봤다. 모든 걸 잃었으니 더 이상 잃을 게 없었다. 까짓것, 죽었다 치고 다시 시작해 보자. 아무것도 달라진 건 없었지만 그렇게 마음먹으니 더 이상 무서울 게 없었다. 그 길로 그녀는 시장에 나왔다.

다정한 아버지가 어릴 적 만들어 주던 빈대떡을 떠올리며, 그녀는 오늘도 사람들에게 수수부꾸미를 열심히 구워 준다.

"우리 아버지하고 같이 만드는 것 같아요. 그래서 나는 이게 너무 좋아요."

드라마 '나의 아저씨'에서 박동훈은 지난 일을 마음에 무겁게 담고 살아가는 이지안에게 이렇게 말한다.

"네가 대수롭지 않게 받아들이면 남들도 대수롭지 않게 생각해. 네가 심각하게 받아들이면 남들도 심각하게 생각하고. 모든 일이 그래. 항상 네가 먼저야. 옛날 일 아무것도 아냐. 네가 아무것도 아니라고 생각하면 아무것도 아냐."

우리를 힘들게 하는 것은 실제 일어난 일보다 아직 일어나지 않은 일에 대한 지나친 불안과 걱정일 때가 많다. '실패하면 안 되는데 괜찮을까?', '만약 일이 잘못되면 어떡하지?', '내가 감당할 수 있을까?' 그런데 막상 닥쳐 보면 대부분의 일들은 실제로 발생하지 않거나 걱정한 만큼 그렇게 큰일이 아닐 때가 많다. 설령 큰일이 닥친다 해도 우리는 어떻게든 일을 수습하고 또 오늘을 살아간다. 그래서 나도 마음이 무거워질 때면 그 대사를 속으로 되뇌어 본다. 내가 아무것도 아니라고 생각하면 아무것도 아닐 테니까. 내가 대수롭지 않게 여기면 남들도 대수롭지 않게 여길 테니까.

그날 밤 나는 시장에서 사 온 수수부꾸미를 가족과 맛있게 나눠 먹고는 기분 좋게 잠자리에 들었다. 오랜만의 숙면이었다.

에콰도르인들이
자꾸 실수하는 사람에게 하는 말

 한 유튜브 영상을 봤다. 진행자가 서울대에서 서어서문학과 박사 과정을 밟고 있는 학생에게 한국 사회의 가장 큰 문제가 무엇이라고 생각하는지 물었다. 그는 곰곰이 생각하더니 말했다. 개인도, 공동체도, 나라조차도 실패를 지나치게 두려워하는 것 같다고, 그런데 실패를 하면 안 된다는 지나친 강박이 오히려 실패를 불러오는 것 같다고. 그러면서 그는 에콰도르인 친구와 함께 일할 때의 에피소드를 이야기했다.

 이상하게 하루이틀 같은 사람에게만 실수를 하게 되는 날이 있는데, 그날따라 에콰도르인 동료에게 실수를 계속 하게 되었단다. 난처하고 미안한 마음에 그는 동료에게 사과의 말을 건넸다.

"정말 미안해. 평소엔 안 그러는데, 오늘따라 너한테 자꾸 왜 이러는지 모르겠어."

그러자 동료는 웃으며 말했다.

"괜찮아. 에콰도르에서는 사람이 자꾸 실수하면 사랑에 빠져서 그런가 보다 생각해."

누구나 사랑에 빠지면 바보가 된다고 한다. 방금 헤어졌는데도 상대방이 너무 보고 싶어 달려가고, 온통 머릿속에 그 사람뿐이어서 상사가 부르는 소리를 못 듣기도 하고, 심각한 회의 시간인데 도통 집중이 안 되고, 머릿속엔 자꾸 그녀와 있었던 일이 떠올라 혼자 슬며시 미소를 짓다가 혼이 나기도 한다. 그럴 때 사람들은 "걔가 그렇게 좋냐?" 하며 가볍게 나무라지만 그럼에도 사랑에 빠진 이를 응원하게 된다. 큰 실수가 아닌 다음에야 그냥 웃으며 실수를 눈감아 주게 되는 것이다.

물론 박사 과정을 밟고 있는 학생이 사랑에 빠져 있는 것은 아니었다. 하지만 미안하다는 말에 에콰도르인 동료가 건넨 한마디는 그에게 많은 걸 깨닫게 했다. 한국 사회가 얼마나 서로를 긴장시키는지, 또 스스로도 얼마나 긴장된 상태로 살아가는지.

우리는 어릴 때부터 실수를 '부끄러운 것', '벌받아야 할 것'으로 배워 왔다. 그래서 많은 사람들이 실수와 실패를 하느니 차라리 아무것도 하지 않는 것이 낫다고 생각한다. 왜냐하면 새로운 것을 시도했다가 실패하면 사회적으로 망신을 당하거나 불이익을 당하게 될 텐데, 그럴 바엔 아무것도 하지 않는 것이 안전하다고 판단하기 때문이다. 그래서 하버드 경영대학원 에이미 에드먼슨 교수는 "우리가 실수에 벌을 주는 사회에 살고 있다면 사람들은 아무것도 시도하지 않게 된다"고 말했다.

하지만 전 세계 기술 혁신을 이끄는 미국의 실리콘밸리에서는 오히려 실패를 권장한다. 그들은 "대박을 터트리기까지 평균 4회 가까이 실패한다"는 통계를 잘 알고 있다. 그래서 실리콘밸리에서는 스타트업을 만들었다가 실패한 경험을 대기업에 취업한 경험 못지않게 좋은 경력으로 인정한다. 실수와 실패가 부끄럽거나 숨겨야 하는 게 아니라 오히려 취업에 유리한 조건으로 작용하는 것이다. 엔비디아 CEO 젠슨 황 역시 성공하려면 실패를 안 하는 게 아니라, 실패를 견디는 능력부터 키워야 한다고 강조한다.

그럼에도 실수를 용납하지 않는 사회가 쉽게 바뀔 리 없다. 실패를 격려하는 문화 또한 단번에 생기기 어렵다. 그렇지만 우리 스스로 '절대 실수를 하지 않겠다'는 생각을 하기보다, 실패를 해도 좋으니 무엇이든 해 보고, 어디로든 가 보겠다는 생각은 할 수 있지 않을까. 나부터 타인의 실수를 너그럽게 봐주고, 나 자신의 실수 또한 또 다른 성장의 기회로 받아들일 수는 있지 않을까. 미국의 사상가 엘버트 허버드가 말했다.

"실수는 부끄러운 게 아니다. 실수를 두려워해 아무것도 하지 않는 것이 부끄러운 것이다."

어려울 때 연락할 수 있는 사람이 있다는 사실만으로도

아는 선배가 수술을 받아서 병문안을 갔을 때의 일이다.

"야, 너 알고 있었어? 남자 친구는 남편이 아니어서 법적 보호자가 될 수 없대. 참 내, 어디 남편 없는 사람 서러워 살겠나."

무슨 일인가 들어 봤더니 수술을 받으려면 보호자 동의서를 작성해야 하는데 옆에 있는 남자 친구 이름을 적으려고 했더니 직원이 "남편이세요?"라고 물었단다. "아뇨, 남자 친구인데요"라고 하자 직원은 단호하게 법적 보호자 아니면 동의서를 작성할 수 없다며 부모님이나 형제자매한테 동의서를 받아 오라고 했단다. 큰 수술도 아닌데 가족들이 괜히 걱정할까 봐 수술받는다는 사실을 알리지 않았던 선배는 어쩔 수 없이 여동생에게 전화를 걸어 보호자 동의서를 작성해야만 했다. 쉰을 바라보는 나이가 되었는데도 보호자 없이는 수술을 못 받는 기가 막힌 현실에 선배는 분노했다. 그리고 남자 친구와 결혼 대신 동거를 택한 선배에게 둘이 결혼을 하지 않는 한 서로에게 결코 보호자가 될 수 없다는 사실은 꽤나 충격적인 듯했다.

나는 그 이야기를 들으며 어머니와 오빠의 얼굴을 떠올렸다. 훗날 내가 수술을 받아야 할 때 곁에 그런 가족이 없다면 어쩌나 하는 생각에 괜히 기분이 착잡했다. 그러다 며칠 후 친구를 만났는데 뜻밖의 이야기를 듣게 되었다.

그녀는 고층 오피스텔 19층에 혼자 살고 있었다. 그런데 어느 날 새벽 잠결에 사이렌 소리를 듣게 되었다. 처음 겪는 상황에 허둥지둥 복도로 나가 보니, 화재 경보에 놀란 사람들이 저마다 문을 열고 나와 비상계단으로 뛰어가고 있었다. 그녀도 급히 휴대폰과 지갑만 챙겨 들고 계단을 내려갔다. 헉헉대며 밖으로 나가 상황을 살펴보니 다행히 화재는 아니었다. 한 집에서 연기가 과하게 감지되어 경보가 울린 것이었다.

그제야 안도의 숨을 내쉬던 친구는 주위를 둘러보다 인상적인 광경을 마주하게 되었다. 사람들이 저마다 휴대폰을 들고 어딘가에 전화를 걸고 있었다. 어떤 이는 아이처럼 엉엉 울며 "나 너무 놀랐어"라고 말했고, 또 다른 이는 "살다 보니 별일 다 겪는다니까"라는 말을 하며 허탈한 웃음을 짓고 있었다. 사람들은 저마다의 방식으로 방금 겪은 공포와 불안을 누군가와 나누고 있었다.

"나는 어디에 전화해야 할지 모르겠더라고…. 고향에 있는 부모님을 깨우자니 걱정만 하실 것 같고, 새벽에 연락할 만한 사람도 딱히 없고…. 그때 정말 외롭더라."

나는 안다. 친구가 남들에게 폐 끼치기를 싫어해서 그렇지, 전화를 걸었다면 "괜찮아?"라며 걱정해 줄 사람이 많다는 것을. 아마도 전화를 받은 이는 친구에게 가까운 사람이 된 것 같아 기뻤을 것이다. 나만 해도 그랬을 테니까.

그런데 나는 어떤가. 만약 내가 그 새벽에 그런 상황을 맞닥뜨렸다면 누구에게 연락할 수 있을까? 몇몇 사람이 떠올랐지만 왠지 자신이 없었다. 주위 사람들에게 잘하고 살아야 한다는데 나는 그러고 있는 걸까. 친구의 말을 들으며 자꾸만 나를 돌아보게 되었다.

그 일 이후 나는 누군가 갑자기 연락해 왔을 때 안부만 묻고 넘기지 않게 되었다. 혹시 상대방에게 무슨 일이 있는 건 아닌지, 하고 싶은 말이 있는데 결국 못 하고 끊은 건 아닌지 조금 더 살피게 된 것이다.

작년 추석 전날 밤이었다. 친하게 지내는 후배에게서 전화가 걸려 왔다. 연휴에, 그것도 늦은 밤, 문자도 아니고 전화였다. 나는 무거운 마음으로 얼른 전화를 받았다. 그는 집에 가는 길이라며 쉬는 중일 텐데 늦은 시간에 전화해서 미안하다고 했다. 나는 괜찮다며 무슨 일이냐고 물었다. 그랬더니 며칠 전 어머니가 담도암 판정을 받았단다. 병원에 들러 할 일이 많은데 추석 연휴라 아무것도 하지 못한 채 연휴가 끝나기만을 기다리고 있다고 했다. 마음이 너무 답답하고, 진작 어머니의 건강을 챙겨야 했는데 그러지 못한 게 죄스럽다고도 했다. 나는 가만히 앉아 그의 말을 들었다. 그 순간 내가 할 수 있는 일은 그것밖에 없었다.

 다행히 몇 달 뒤 그의 어머니는 항암 치료를 받고 좋은 결과를 얻었다. 후배는 최근 검사에서 암세포가 보이지 않았다는 기쁜 소식을 전하며 그날 전화를 받아 줘서 고맙다고 했다. 그 통화가 자신에게 큰 힘이 되었다고도 했다. 나는 그냥 이야기를 들어주었을 뿐이지만 그 마음이 뭔지 알 것 같아서 그에게 말했다. 혼자 끙끙 앓지 않고 내게 전화하기를 잘했다고, 앞으로도 그러라고.

 사람은 혼자 살 수 없다. 그리고 이제는 안다. 어려울 때 연락할 수 있는 사람이 있다는 사실만으로도 얼마나 큰 힘이 되는지를.

참 사랑스러운 조언

 40대의 나이에 MBC '나 혼자 산다'에 나와 사람들의 주목을 받으며 뒤늦게 예능 대세로 떠오른 구성환. 그는 작년 12월 MBC 방송연예대상에서 신인상을 수상했다.
 그런데 알고 보면 그는 22년 차 조연 배우다. 그는 한 인터뷰에서 말했다.
 "후배들이 종종 20년을 어떻게 버텼냐고 물어본다. 그런데 나는 버틴 적이 없다. 즐겁게 일했을 뿐이다. 하루하루 즐겁게 살다 보니 타이밍이 맞았던 거지, 버틴다고 생각했으면 이 일을 20년이나 하지 못했을 것이다."
 그러면서 그는 지금도 촬영하다 잠깐의 틈이 생기면 공원을 산

책하거나 좋아하는 음악을 듣는다고 했다. 사계절을 온전히 느끼며 반려견 꽃분이와 함께 소소하더라도 매일 하고 싶은 것을 미루지 않고 할 수 있으면 그것이 행복이라고 했다. 그런 그가 15년째 이어 오고 있는 중요한 루틴은 바로 그날 먹고 싶은 식단을 미리 계획해 두는 일이다. 기왕이면 제철 음식들로 식단을 만드는 것은 물론이다.

그의 이야기를 들으며 문득 얼마 전에 읽은 김신지 작가의 《제철 행복》이 떠올랐다. 작가는 '이게 사는 건가'와 '이 맛에 살지' 사이에는 모름지기 계획과 의지가 필요한 법이라며 "제철 행복이란 결국 '이 맛에 살지'의 순간을 늘려 가는 일"이라고 말했다. 아무 대가 없이 찾아온 이 계절의 즐거움을 나에게 선물해 주는 일, 그렇게 '내가 아는 행복'의 순간을 늘려 가는 일이 바로 제철 행복이라는 것이다.

"사는 거 뭐 있나. 제철 음식 찾아 굳이 거기까지 가서, 굳이 줄을 서고, 마침내 고대해 온 음식을 앞에 두고 이 계절을 기념하듯 잔을 부딪히는 그런 거지. 한겨울 방어 먹으러 모슬포에, 늦겨울 새조개 먹으러 천수만에, 이른 봄 도다리쑥국 먹으러 통영에 '굳이' 가는 그때야말로 비로소 제철을 아는 어른의 세계에 진입한 기분이 든다."

얼마 전 SNS에서 참 사랑스러운 조언을 봤다. 어떤 사람이 "6개월 금방 갈까?"라고 걱정하자 누군가 이렇게 조언했다.

"응, 수박, 복숭아, 포도 기다리면 금방이야. 그사이에 딸기 먹으면서 힘내자."

　인생에서 힘든 시기를 지나야 한다고 생각하면 6개월은 참 길게 느껴지지만 정말 맛있는 수박을 먹고, 맛있는 복숭아를 먹고, 맛있는 포도를 먹으면 6개월도 금방이겠다 싶어 웃음이 나왔다. 그러고 보면 정말 모든 것은 마음먹기에 달려 있다. 더 이상 무슨 말이 필요할까.

　일단 오늘은 내가 좋아하는 복숭아를 사서 먹어야겠다. 얼마나 맛있을까. 생각만 해도 벌써부터 즐거워진다. 행복이 정말 별게 아니다.

인터뷰에 긍정적인 사람들이
80퍼센트 정도 된다고 말한 이유

어느 날 처음 보는 사람들과 저녁 식사 자리를 하게 되었다. 그런데 그중 한 명이 나를 보자마자 너무 궁금하다는 듯 물었다.

"섭외 없이 현장에서 즉흥적으로 사람을 인터뷰할 때가 있잖아요. 그럴 때 인터뷰 촬영에 긍정적인 사람의 비율이 보통 얼마나 돼요?"

"글쎄요, 정확히 따져 본 적은 없지만 80퍼센트 정도는 인터뷰에 긍정적이었던 것 같아요."

그러자 그는 그렇게 많은 사람들이 촬영에 협조적이라는 사실이 매우 놀랍다고 했다. "그런가요?"라며 웃어넘겼지만 집에 돌아가는데 그의 말이 계속 머릿속을 맴돌았다. 그는 도대체 몇 퍼센트를 예상했던 걸까. 그러다 문득 예전 동료가 내게 했던 말이 떠올랐다.

어느 수산시장의 새벽 경매 현장을 취재할 때였다. 새벽 2~3시쯤 시작하는 경매 시장은 싱싱하고 좋은 생선들을 한 푼이라도 더 싸게 구입하려는 사람들로 넘쳐 난다. 하지만 내 눈에 좋아 보이는 것은 남들 눈에도 똑같이 좋아 보이는 법. 게다가 워낙 큰돈이 오가다 보니 사람들의 수싸움은 치열할 수밖에 없고, 대뜸 소리부터 지르는 사람, 거친 말을 내뱉는 사람들이 살벌한 분위기를 만들기도 한다.

그래서 인터뷰가 쉽지 않겠다는 예상은 했지만 막상 현장에 도착해 보니 사람들 사이를 비집고 들어가는 것부터가 문제였다. 그럼에도 어떻게든 수산물 경매와 관련된 사람들의 이야기를 생생하게 담고 싶어서 이 사람, 저 사람 붙잡고 인터뷰를 이어 갔다.

몇 시간이 지났을까. 경매가 끝나 사람들이 뿔뿔이 흩어지기 시작했다. 그제야 나는 카메라를 내려놓고 한숨 돌리며 커피를 마실 수 있었다. 그런데 동료 촬영 감독이 옆으로 오더니 대뜸 나에게 괜찮냐고 물었다. 힘들었지만 다행히 인터뷰에 응해 준 사람들의 이야기가 재미있어서 잘 끝난 것 같다고 했더니 그가 웃으며 말했다. 자신은 인터뷰를 요청하는 사람마다 냉랭한 말투로 거절하는 바람에 상처를 입었단다. 그래서 속상한 마음에 터덜터덜 위층으로 올라가 경매 시장이 보이는 난간으로 갔는데 같은 처지의 동료 감독들이 이미 거기에 모여 있었다고 했다. 그들은 멋쩍은 표정으로 서로를 바라보다가 우연히 아래층에서 사람들을 인터뷰하고 있는 나를 보게 되었다고 했다.

그런데 신기하게도 나는 분명 거친 말투로 거절을 당한 것 같은데도 미소를 잃지 않고 바로 다른 사람에게 질문을 이어 갔단다. 그렇게 이 사람한테 퇴짜 맞으면 뒤돌아 다른 사람, 그 사람도 뭐라고 하면 또 이동해 다른 사람에게 가는 나를 보며 '와, 쟤는 상처도 안 받나? 어쩜 저렇게 아무렇지 않은 표정으로 다른 사람에게 또 말을 걸 수 있는 거지?'라고 얘기했단다.

그들의 말대로 많은 사람들이 나의 인터뷰 요청을 거절한 것은 맞다. 하지만 나는 동료 감독들처럼 상처받지 않았다. 왜냐하면 사람들이 거절할 때마다 '그래, 일하느라 바빠 죽겠는데 인터뷰에 응할 정신이 어디 있겠어? 나라도 내가 일하고 있을 때 말 걸면 싫을 것 같은데…. 그래, 충분히 그럴 수 있어'라고 생각했기 때문이다. 그리고 인터뷰 요청을 거절한 것이지 나를 거절한 게 아니지 않은가.

그래서 나는 상처받지 않고 꿋꿋이 또 다른 사람에게 다가갈 수 있었다. 열 번, 스무 번 그렇게 다가가다 보니 고맙게도 인터뷰에 응해 주는 사람을 만날 수 있었고, 신나게 인터뷰를 진행하고 나면 기분이 정말 좋았다. 물론 거칠거나 냉랭하게 쏘아붙이는 거절의 말을 들으면 나도 사람인지라 움찔하긴 했지만 그것이 다른 사람에게 다가가지 못할 이유는 되지 않았다. 그러니 거절을 당했을 때 '까였다'고 생각하기보다 상대방의 입장을 먼저 생각해 보면 어떨까.

어쩌면 내가 길에서 만난 수많은 사람들이 인터뷰에 매우 협조적이었다고 생각하는 것은 사람들의 거절을 마음에 쌓아 두며 일일이 카운트하지 않았기 때문일지 모른다. 또한 거절할 만한 상황인데도 불구하고 나에게 기꺼이 인터뷰를 허락해 준 사람들에 대한 고마움이 더 크기 때문일지도 모른다. 분명한 건 앞으로도 나는 백 명이 거절하든 천 명이 거절하든 그것을 카운트하는 데 마음을 쓰는 대신 인터뷰에 응해 줄 사람을 열심히 찾아다닐 것이다. 인터뷰를 거절한 거지 내가 거절당한 건 아니니까 말이다.

당신은 이미 답을 알고 있을 수도 있다

2012년 오디션 경연 프로그램인 'K팝스타 시즌2'에서 때 묻지 않은 상상력과 독특한 감성으로 화제를 모으며 우승을 거머쥔 10대 남매 가수가 있었다. 벌써 데뷔 12년 차를 맞이한 남매 듀오 악뮤의 이찬혁과 이수현이 바로 그들이다.

데뷔 초부터 이찬혁은 뛰어난 작사 작곡 실력을 겸비한 싱어송라이터로, 이수현은 특유의 밝은 성격과 맑고 독보적인 목소리로 대중들의 사랑을 받았다. 그런데 언젠가부터 이찬혁은 무대나 방송에서 예측 불가한 행동이나 독특한 퍼포먼스로 더 화제가 되기 시작했다. 한 음악 방송에서 이발사와 함께 등장하더니 노래를 부르며 실제로 삭발을 진행해 사람들을 놀라게 했고, 한 무대에서는 인터뷰 내내 'ERROR'라고 쓰인 마스크를 쓴 채 묵비권을 행사하기도 했다. 신곡 '파노라마' 무대에서는 아예 등을 돌리고 노래를 부르기도 했다. 그러자 사람들은 가수 지드래곤을 따라 하는 'GD병'에 걸린 게 아니냐며 그를 조롱하고 그가 하는 모든 퍼포먼스를 비웃기 시작했다.

 마침 '유 퀴즈'에 출연한 동생 수현 씨에게 오빠의 행동에 대해 어떻게 생각하느냐고 묻자 그녀는 말했다. 처음에는 당황스러웠지만 이제는 그런 가능성을 늘 대비하고 있어서 괜찮다고. 데뷔 초기에 무대를 준비할 때는 오빠가 자유롭게 퍼포먼스를 해 보자고, 아티스트가 무대에서 열정을 다하는 게 맞다며, 그에 동참해 줄 것을 강요하다시피 했단다. 오빠를 이길 수 없어서 몇 번 그에 맞춰 주긴 했지만 그녀는 그 과정에서 너무 큰 스트레스를 받았다고 했다.

 반면 찬혁 씨는 오히려 그런 동생을 이해할 수 없었다고 털어놓았다. 하지만 어느 순간 사람은 다 다르고, 무대에서 열정을 표현하는 방식도, 무대를 즐기는 방식도 다르다는 것을 깨닫게 되었다. 그리고 그것은 음악 활동에 있어 큰 전환점이 되었다. 그전에는 어떻게든 합을 맞추기 위해 조율하는 과정에서 자꾸만 다투게 되고 마음도 많이 상했는데, 지금은 각자의 방법으로 무대를 즐기고 있다고 했다.

 수현 씨는 아직도 오빠가 무대 위에서 하는 돌발 행동이 버겁고 이해하기 힘들 때가 있지만 음악가로서의 오빠에 대해서는 의

심의 여지 없이 존경한다고 말했다. 그녀가 그런 생각을 하게 된 결정적인 계기는 바로 오빠 이찬혁의 입대였다. 그녀는 솔로 앨범을 준비하는 과정에서 처음으로 오빠 없이 혼자 회의에 참여하게 되었는데, 직원들이 전부 자신의 답만 기다리는 게 너무 힘들었다고 했다.

'그동안 이 모든 결정을 오빠가 알아서 다 해 왔던 거구나. 내가 지금까지 몰라줘서 너무 미안하네.'

그뿐만이 아니었다. 솔로 앨범을 준비하다 보니 자신의 목소리를 가장 잘 알고 그에 맞게 곡을 만들어 주는 최고의 작곡가는 바로 오빠라는 사실을 깨닫게 되었다. 그래서 수현 씨는 그동안 오빠에게 미안했다는 메일을 보냈다.

그런데 찬혁 씨는 그 메일을 받고 감정의 소용돌이를 느꼈다고 한다. 그동안 자신이 짊어져 온 무게를 이해해 주는 동생이 기특하면서도 그 말을 꺼내기까지 동생이 감당해야 했을 상황과 감정들이 느껴져서 안쓰러웠기 때문이다.

사실 수현 씨는 당시 은퇴를 생각할 정도로 크게 슬럼프를 겪었다. 오빠의 부재로 시작된 슬럼프는 그녀에게 수많은 물음표들을 만들었다.

'거품을 다 걷어 낸 내 모습은 뭐지? 내가 정말 하고 싶어서 한 게 뭐지?'

그런 고민들이 시작되자 그녀의 열정은 빠르게 식어 갔다.

"사춘기가 이제 온 것 같다. 오빠가 사춘기를 크게 겪으면서 아빠와 갈등이 심했고 그것 때문에 가족들이 굉장히 힘들어했다. 나는 항상 그 사이에서 중재하는 역할을 도맡아 해야 했다. 그래서 나까지 그러지 말자, 나는 사춘기를 무난하게 보내야겠다는 생각을 하게 되었다."

그래서 그녀에게 사춘기는 없었다. 그녀는 부모님에게 비타민이자 에너지 충전기라고 불릴 정도로 늘 밝은 모습을 보여 주었다. 그런데 그런 동생의 모습이 찬혁 씨의 눈에는 늘 빛나 보였다.

"수현이는 되게 사랑스러운 캐릭터여서 그게 참 빛났죠. 빛나는 반대편에는 제가 있었고 저는 늘 수현이가 정답이었어요. 사랑받으려면 저렇게 해야 되는 거구나."

하지만 사랑받는 방법을 알게 되었어도 도대체 어떻게 해야 밝아질 수 있을지 어렵기만 했고 어떤 일은 노력만으로 해결되지 않는다는 사실도 깨달았다. 그 과정에서 찬혁 씨는 자신에게 없는 것이 무엇인지를 깨닫게 되었고, 그것이 결코 동생을 흉내 내는 방식으로는 채워지지 않는다는 사실도 알게 되었다. 그러자 동생을 있는 그대로 바라보고 존중할 수 있게 되었다.

그는 사춘기 시절 동생이 중재자 역할을 했던 것처럼, 이제는 슬럼프를 겪고 있는 동생이 충분히 방황하며 자신의 자리를 찾아갈 수 있도록 지켜봐 주고 싶다고 했다.

나는 그 둘을 인터뷰하며 타인을 이해하는 것이 얼마나 어려운가를 새삼 느낄 수 있었다. 수현 씨는 아직도 무대 위 돌발 행동을 하는 오빠를 전부 이해할 수는 없다고 했다. 그래도 괜찮다고 생각하는 건, 단지 그에 대한 대비책을 마련해 두었기 때문이라고 했다.

  우리는 이해할 수 없는 사람을 만나면 되도록 피하거나 관계를 끊으라고 배운다. 하지만 그와 매일 마주쳐야 한다면 어떻게 해야 할까. 그럴 때 필요한 것은 바로 상대방을 있는 그대로 받아들이는 것이다. 나와 다르다는 이유로 상대방을 배척하거나 싫은 티를 내는 게 아니라 그의 방식을 존중하고, 상대방에게 틀렸으니 고치라고 말하는 게 아니라 그를 있는 그대로 받아들여야 하는 것이다.

  하지만 상대방이 나와 다른 사람임을 인정하고 받아들이는 것은 정말 쉽지 않다. 수현 씨만 해도 오빠의 부재를 통해 그 입장을 비로소 이해할 수 있었고, 반대로 찬혁 씨는 아티스트로서 무대를 대하고 무대를 즐기는 방식이 너무 다른 동생을 이해할 수 없어 번번이 부딪혀야만 했다. 자신이 옳고 동생이 틀렸다고 생각했기 때문이다. 그러나 내가 옳고 상대방이 틀렸다고 생각하는 한, 관계는 결코 좋아질 수 없다.

  나도 옳고, 상대방도 옳을 수 있다. 즉 나는 내가 옳다고 생각하는 방식대로, 너는 네가 옳다고 생각하는 방식대로 살아도 별문제가 없을 수 있다. 악뮤만 해도 각자가 옳다고 생각하는 방식대로 무대를 즐긴다. 서로 여전히 이해하지 못하는 부분은 존재하지만 말이다.

  그래서 나는 생각한다. 완전히 이해하지 못해도 함께하는 것은 충분히 가능하다고. 그러니 상대방을 도저히 이해할 수 없으면 스스로에게 그런 질문을 던져 보았으면 좋겠다. 나는 그런 그를 있는 그대로 존중해 줄 수 있는가. 이해가 안 되는 채로 그를 지켜볼 자신이 있는가. 아마도 당신은 이미 그 답을 알고 있을 확률이 높다.

오늘 하루를 가장 잘 보내는 법

 말도 안 되는 우연이 겹쳐질 때가 있다. 그날이 그랬다. 청운문학도서관에서 북토크 제안을 받았는데 고민이 많았다. 아무래도 카메라 뒤가 익숙하고 편해서일까. 작가로 사람들 앞에 나서는 게 쉽지 않았다. 긴장되었지만 용기를 내어 강연을 준비하던 중, 엄마의 건강 검진 결과가 나왔다. 의사는 검사 결과가 좋지 않다며 큰 병원에서 검사를 다시 받아 보는 게 좋겠다고 했다. 그렇게 큰 병원을 예약해 검사를 받은 뒤 마음을 졸이며 결과를 기다렸다.
 그런데 하필 검사 결과를 듣는 날이 내 북토크 일정과 겹치게 되었다. 오전 11시에 결과를 듣고 그날 저녁 7시에 북토크를 해야 했다. 만약 엄마가 큰 병에 걸렸다는 결과가 나오면 내가 과연 강연을 제대로 할 수 있을까, 지금이라도 연기하거나 취소하는 게 맞지 않을까 싶었다. 그런데 고민하는 모습을 본 엄마가 왜 강연을 취소할 생각을 하느냐고 했다. 당장 수술을 받는 것도 아닌데, 사람들과 한 약속을 깨는 건 말이 안 된다는 것이었다. 결국 나는 예정대로 북토크를 진행하기로 했다.

결과를 듣는 날, 오빠와 새언니도 휴가를 내서 온 가족이 함께 병원으로 향했다. 엄마는 우려했던 대로 암 진단을 받았다. 가능성을 염두에 두고 있었지만, 막상 그 말을 듣는 순간 가슴이 덜컥 내려앉고 손발이 떨렸다. 그나마 다행인 건 초기에 암을 발견했고, 수술을 하고 항암 치료를 하면 회복이 가능하다는 의사의 말이었다.

우리는 진료실을 나와 서로를 토닥이며 앞으로를 준비하자고 말했다. 하지만 금세 돌아오는 차 안의 분위기는 가라앉았고 다들 그 어떤 말도 쉽사리 꺼내지 못했다. 나는 침묵을 깨고 말했다.

"저녁에 다 같이 나 북토크 하는 데 올래? 오빠랑 새언니도 휴가니까."

말을 꺼내고도 스스로 놀랐다. 원래의 나라면 절대 그런 말을 하지 않았을 것이다. 안 그래도 작가로서 사람들 앞에 서서 강연을 하는 게 두렵고 떨리는데 가족들이 있으면 왠지 부끄럽고 신경이 쓰여 강연에 집중하지 못할 것 같았기 때문이다. 하지만 그날은 왠지 그렇게 해야 할 것만 같았다.

다행히 가족들은 그래도 되느냐며 무척 기뻐했다. 도서관에 도착해 관계자들과 인사를 나눈 뒤 가족 참관이 가능한지 물었더니 흔쾌히 가족들에게 내 얼굴을 잘 볼 수 있는 자리를 내어 주었다. 그렇게 북토크가 시작됐다. 떨렸지만 나는 준비한 이야기들을 하나하나 풀어 나갔다. 그런데 어느 순간 자리를 가득 채운 청중들 사이로 엄마가 보였다. 마치 나를 처음 만나는 것처럼 엄마는 빛나는 눈빛으로 나의 이야기를 귀 기울여 듣고 있었다. 그 모습을 보며 생각했다. 모시고 오길 잘했다고.

내가 작가로서 강연하는 모습을 처음 본 엄마, 그 모습을 놓칠세라 계속 사진을 찍는 오빠와 새언니, 그리고 각자의 바쁜 일과를 마치고 한 권의 책 이야기를 들으러 온 사람들, 그 모든 것이 마치 아늑한 쿠션처럼 우리 가족을 감싸 주는 것 같았다. 북토크가 끝난 뒤 가족들의 얼굴에는 벅찬 미소가 가득했다. 엄마는 너무 기특하다며 내 볼을 어루만져 주었고, 오빠도 잘했다며 아낌없는 칭찬을 해 주었다.

"우리가 이렇게 웃으며 오늘을 보낼 수 있다는 게 참 신기해."

나도 모르게 그 말이 튀어나왔다. 정말로 신기했다. 어떻게 엄마가 암 진단을 받은 날, 이처럼 서로를 보며 미소를 지을 수 있는지. 오전까지만 해도 우리 가족은 엄마가 암이라는 사실에 절망하고 두려움에 떨었는데, 그 문제가 분명 우리 가족의 내일에 거대한 그림자를 드리운 건 맞지만, 우리는 울고 있지 않았다. 두려움에 잠식되지도 않았다.

세계적인 심리학자 빅터 프랭클은 말했다. 자극과 반응 사이에는 공간이 있다고. 우리는 그 공간에서 자극에 대해 어떻게 반응할지 선택할 수 있는 자유와 힘을 가지고 있다고. 나는 그날 저녁 그 말의 의미를 온전히 깨달을 수 있었다. 아무리 큰 불운이 닥쳐오더라도 그것이 나의 하루를 망치지 않게끔 할 수 있다. 그래서 나는 앞으로도 우리가 웃을 수 있는 선택을 하려고 한다. 그것이 나와 가족들에게 얼마나 큰 힘이 되었는지를 깨달았기 때문이다.

인생을 꼭 이해해야 할 필요는 없다.
인생은 축제와 같은 것.
하루하루 일어나는 그대로 살아가라.
바람이 불 때 흩어지는 꽃잎을 줍는 아이들은
그 꽃잎들을 모아 둘 생각을 하지 않는다.
꽃잎을 줍는 순간을 즐기고
그 순간에 만족하면 그뿐.

—라이너 마리아 릴케, '인생'

CHAPTER 4

나는 타인에게
어떤 말을 건네는
사람일까

: 인간관계

살면서 결코 아끼지 말아야 할 말이 있다

 '유 퀴즈'를 그만두고 8개월쯤 흘렀을 무렵이었다. 새로운 예능 프로그램을 준비 중인 PD에게서 연락이 왔다. 배우들이 섬에 들어가 주민들과 함께 지내는 예능 프로인데, 섬사람들의 삶을 '다큐 3일'처럼 담아 줄 수 있겠느냐고 했다. 그리고 일 잘한다는 얘기를 많이 들었다며 꼭 같이하고 싶다고도 했다.
 그녀의 기대감이 너무 커서일까. 선뜻 하겠다는 말이 나오지 않았다. 그 기대에 내가 부응할 수 있을지 자꾸만 회의감이 들었다. 부족한 모습을 보여 실망을 안기느니 마음의 준비가 되었을 때 다른 프로그램으로 시작하는 게 낫지 않을까. 게다가 내가 일했던 방송사가 아니다 보니 제작 시스템도 다를 텐데 그에 대해

전혀 아는 바가 없었을뿐더러, 연출진에도 아는 사람이 없었다. 결국 나는 고민 끝에 PD에게 다른 사람을 소개해 주었다.

그런데 며칠 뒤 다시 PD에게 연락이 왔다. 내가 소개해 준 사람과 일정 조율이 잘 안 되었다며, 혹시 또 다른 이를 소개해 줄 수 있겠느냐는 전화였다. 곧 촬영을 시작해야 하는 상황이라 PD도 여러모로 다급해 보였다. 그런데 그녀의 말을 듣는 순간 안도감이 들었다. 동시에 내가 실은 그 일을 거절한 것을 후회하고 있었음을 깨달았다. 그렇게 나는 오랜만에 방송 일을 하게 되었다.

하지만 촬영일이 다가올수록 부담감이 나를 짓누르기 시작했다. 촬영 당일 섬에 도착해서 제작진과 인사를 나누는데 대부분 처음 보는 얼굴들이었다. 어색한 분위기 속에 있어서일까. 나도 모르게 더 긴장을 하게 되었다. 오랜만의 촬영이라 테스트도 할 겸 섬 주민들을 만나 인터뷰를 시도했는데 별 수확을 거두지 못했다. 너무 긴장해서인지 말이 잘 나오지 않아 질문을 제대로 하지 못한 탓이었다. 보란 듯이 잘해 내고 싶었는데 맘처럼 일이 풀리지 않자 자꾸만 위축되었다. 결국 나는 그날 밤 온갖 걱정으로 잠을 설치고 말았다.

다음 날 촬영은 영화 '범죄도시'로 강렬한 인상을 남긴 배우 박지환 씨가 섬에 도착하는 장면에서 시작되었다. 작년에 '유 퀴즈'에서 그와 인터뷰를 한 적이 있지만 30분 남짓한 짧은 인터뷰였기에 그가 나를 기억하지 못할 거라고 생각했다. 그래서 나는 여러 스태프들 사이에 조용히 서 있었다.

그런데 도착 장면을 촬영하고 잠시 휴식 시간을 가질 때였다. 그가 나에게 뚜벅뚜벅 걸어오더니 악수를 청했다. 그리고 내 손을 꼭 잡은 채, 눈을 바라보며 말했다.

"잘 지내셨어요?"

"저를 기억하세요?"

"그럼요, 어떻게 잊겠어요. 제 얘기를 그렇게 편하게 이끌어 주신 분을…."

오랜만에 복귀한 촬영장에서 위축되어 있던 내게 그가 먼저 다가와 그런 말을 할 줄은 상상조차 하지 못했다. 나는 말을 잇지 못할 정도로 가슴이 뭉클했다. 그는 자신이 말이 많은 편이 아닌데 낯선 나에게 마음을 편하게 털어놓을 수 있었던 게 신기했다며 종종 그때가 생각난다고 했다. 그 말은 내게 한껏 움츠러든 어깨를 펴도 된다고 얘기해 주는 듯했다.

다음 촬영이 급한 상황이라 그는 곧 자신의 촬영 위치로 돌아갔다. 그런데 잠시 뒤 그가 다시 내게 와 물었다.

"성함이 어떻게 되세요?"

"박지현이에요."

그는 내 이름을 기억하려는 듯 몇 차례 중얼거리더니 나를 향해 엄지손가락을 치켜세웠다. 순간 머릿속에 지난 6년 동안 '유 퀴즈'에서 인터뷰를 했던 수많은 얼굴들이 스쳐 지나갔다. 그리고 왠지 그가 그들을 대신해 내게 말을 전하는 것처럼 느껴졌다. 내가 해 온 일들이 사라지지 않았다고, 누군가의 기억 속에서 의미 있는 순간으로 남아 있다고. 박지환 씨 덕분이었을까. 이후 이어진 촬영에서 나는 마치 공백기가 없었던 사람처럼 편안한 마음으로 섬 주민들과의 인터뷰를 이어 갈 수 있었다.

3일 뒤 촬영을 마치고 배를 타고 나오는 길이었다. 배 앞쪽 선실에 앉아 있던 내게 한 남성이 다가왔다. '유 퀴즈'에서 함께 일한 적이 있는 조명 스태프였다. 워낙 바쁜 현장이다 보니 길게 이야기 나눌 기회는 없었지만 장비를 주고받으며 몇 번 인사를 나눈 기억이 있었다.

그런데 그가 내 앞에 멈춰 서더니 미소를 지으며 말했다. 나를 처음 봤을 때 새벽 6시 집합이라 모두 피곤하고 지친 얼굴이었는데 내가 밝게 웃고 있어서 그 모습이 인상 깊게 남아 있다고. 그 이후에도 내가 찡그리고 있는 걸 본 적이 없다고. 늘 웃고 있는 나를 보며 정말 일을 즐기면서 하고 있구나, 생각했다고 한다.

나는 몰랐다. 말 한마디 제대로 나눠 본 적 없는 스태프가 나를 그렇게 좋게 보고 있었다는 사실을 말이다. 촬영이 끝난 뒤라 편히 가도 되는데 굳이 나를 찾아와 따뜻한 말을 건네 준 것이 더욱 고마웠다.

박지환 씨와 조명 스태프는 나를 또렷이 기억하고 있었는데, 정작 나는 스스로를 작게 보고 있었다. 생각도 하지 못한 사람들에게서 너무나 절실했던 응원의 말을 들을 줄이야. 그 말이 나에게 더욱 깊이 와닿은 것은 바쁘게 돌아가는 촬영 현장에서 그 마음을 전하는 일이 결코 쉽지 않음을 알기 때문이다. 게다가 그 촬영에서 나는 박지환 씨를 출발할 때 이후로 한 번도 보지 못했다. 조명 스태프도 나와 같이 촬영할 일이 없었다. 그런데도 그들은 일부러 다가와 나에게 해 주고 싶었던 말을 전해 주었다.

만약 그들이 나에게 그 말을 해 주지 않았다면 나는 자꾸만 위축되고 긴장되는 마음을 어쩌지 못해 오랜만의 촬영을 망쳤을지도 모른다. 하지만 그들의 따뜻한 응원의 말 덕분에 나에 대한 쓸데없는 의심을 지우고 촬영에 집중할 수 있었다. 그래서 나도 앞으로 누군가에게 좋은 인상을 받았다면 꼭 그 마음을 표현해야겠다는 생각을 하게 되었다.

이 글을 읽는 당신도 누군가의 모습이 인상적이었다면 그 말을 가슴에만 담아 두지 말고 그 사람에게 꼭 전했으면 좋겠다. 가깝든 가깝지 않든 그것은 중요하지 않다. 내가 하지 않아도 다른 사람들이 해 주겠지 하며 그 말을 삼켜 버리지 않았으면 좋겠다. 왜냐하면 별것 아닐 거라고 생각하는 말 한마디가 누군가의 상처 입은 마음을 다독여 줄 수도 있고, 또 누군가의 멈춰 있는 발걸음을 다시 앞으로 나아가게 할지도 모른다. 관심과 애정이 담긴 좋은 말은 몇백 번을 들어도 좋은 법이다. 그러니 '나까지 그 말을 해 줄 필요는 없겠지'라는 생각은 하지 않길 바란다.

내가 절대 장례식장에서 "힘내"라는 말을 하지 않는 이유

어릴 때 한 친구가 이런 이야기를 했다.

"발가락 중에 둘째 발가락이 엄지보다 길면 엄마가 먼저 돌아가시고 엄지가 길면 아빠가 먼저 돌아가신대."

그 말을 듣고 나는 밤마다 엄지발가락을 당겨 보기도 하고, 어떤 날은 둘째 발가락을 당겨 보기도 하다가 어느 쪽도 싫다며 생각을 접곤 했다.

그런데 중학교 1학년 겨울, 어느 날 학교를 마치고 집으로 갔더니 안방에서 아빠와 엄마가 부둥켜안고 울고 있었다. 아빠가 간암 판정을 받아서 이제 일을 쉬고 집에 계실 거라고 했다. 나는 그 말을 그대로 받아들였다. 아빠는 잠시 쉬는 것뿐이고 집에서 지내며 병을 잘 돌보면 나을 거라고 생각한 것이다.

아빠는 그렇게 그해 겨울과 다음 해 봄과 여름을, 방 안 침대와 거실 의자에서 지냈다. 아빠는 하루가 다르게 수척해지고 어느 순간부터는 뼈마디가 드러날 정도로 야위어 갔지만 나는 분명 아빠가 나를 든든하게 지지해 주던 예전 모습을 되찾을 거라고 믿었다. 그러나 나의 바람은 이루어지지 않았고 결국 아빠는 오십도 안 된 젊은 나이에 세상을 떠나고 말았다.

아빠와 작별할 거라는 생각을 해 본 적이 없어서일까. 열다섯 살의 나는 도저히 아빠의 죽음을 받아들일 수가 없었다. 앞으로 아빠를 영영 볼 수 없다는 사실이 믿기지 않았다. 장례식을 치른 3일이 어떻게 지나갔는지 모를 정도였다. 하지만 시간이 흐르면서 장례식장에 찾아와 준 사람들이, 그들이 보여 준 모습과 말들이 문득문득 생각나곤 했다.

그중엔 나의 손을 잡고 같이 울어 준 사람도 있었고, 밝은 얼굴로 나를 한 번이라도 웃게 해 주려 애쓰는 사람도 있었다. 또 아무 일 없었다는 듯 평소처럼 대하는 사람도 있었다. 그런데 대부분의 사람들은 시간이 약이라고, 다 괜찮아질 거라고, 힘들겠지만 잘 이겨 내기를 바란다며 내게 말했다.

"힘내."

그때 나는 알게 되었다. '힘내'라는 말을 들으면 자신이 힘든 상황에 처해 있음을, 힘을 내야 하는 현실임을 더 또렷이 자각하게 된다는 것을…. 그 자각은 내겐 좋지 않았다. 눈물이 나는데도 주위 사람들이 걱정할까 봐 얼른 울음을 그쳐야 했고, 괜찮지 않은데 억지로 괜찮은 척해야 했기 때문이다. 때론 아무렇지 않은 척하는 것이 그 상황 자체보다 더 많은 에너지를 쓰게 만든다는 것을 그렇게 알게 되었다. 그때 이후로 나는 장례식장에 가서 남겨진 이들에게 '힘내'라는 말을 하지 않게 되었다. 대신 나의 경험을 떠올리며 이렇게 말하곤 한다.

"아마 장례식이 끝나고 일상으로 돌아가게 되면 생각지 못한 순간에 마음이 무너질 수도 있어. 그가 있었던 방이 텅 비어 있을 때, 문득 연 서랍에서 그 사람의 시계를 봤을 때, 그 사람이 좋아하던 텔레비전 프로그램을 볼 때, 무심코 그를 불렀는데 대답이 없을 때…. 그럴 때 혼자 버티기 힘들면 연락해. 나는 괜찮으니까 언제든."

실제로 그런 순간에 연락을 해 온 사람들이 있었다. 나는 그들에게 애써 어떤 특별한 말을 해 주려 노력하지 않았다. 어떤 말로도 위로가 되지 않을 걸 알고 있었기 때문이다. 대신 나는 그들과 함께 있었다. 그 순간 그 감정을 혼자 겪지 않게 하는 것, 그게 내가 할 수 있는 최선이었다.

거절하는 이유를 말해 준다는 것의 의미

얼마 전 한 방송사에서 제작부 팀장을 맡고 있는 친구를 만난 적이 있다. 오랜만에 만난 터라 그동안 잘 지냈냐며 안부를 주고받다가 문득 그녀에게 물었다. 팀장이 되니까 뭐가 가장 많이 달라진 것 같냐고. 친구는 잠깐 고민하더니 말했다. 현업에서 PD로 뛰던 시절에는 자신이 맡은 것만 잘하면 되었지만 팀장이 된 이후로는 같이 일하는 사람들의 마음을 더 살피게 된다고. 하지만 같은 제작부에 속한 후배 PD만 해도 5명, 그리고 그들이 만드는 프로그램 하나당 스태프가 최소 10명은 되니까 상대해야 하는 사람만 해도 50명이 넘는데, 그 사이를 조율하는 일이 참 쉽지 않다고 했다.

한번은 외주 제작사 조연출이 그녀에게 방송국 출입증을 발급해 달라고 요청한 적이 있었다. 사내 규정을 확인해 보니 절차상 외주 제작사 직원에게는 출입증 발급이 어렵다는 사실을 알게 되었다. 이 소식을 전하면 분명 실망할 것 같아 망설이고 있는데 마침 조연출이 그녀를 찾아왔다. 다른 PD와 일정 조율 문제로 급히 회의를 하고 있던 그녀는 조연출에게 "안 된다고 하네요"라고 전했다.

잠시 후 회의를 끝내고 자리에 앉은 친구는 상심한 표정으로 돌아서던 조연출이 자꾸만 마음에 걸려 일이 손에 잡히지 않았다. 그래서 그녀는 조연출을 찾아 출입증 발급에 관한 사내 규정과 절차상의 이유를 차분히 설명했다. 출입증을 받을 수 없다는 사실은 변함이 없었지만 설명을 들은 조연출은 말했다.

"알려 줘서 감사해요."

면접에 떨어졌을 때나 누군가에게 거절당했을 때, 우리를 더 힘들게 만드는 건 그 이유를 알지 못한다는 것이다. 이유를 모르면 '내가 뭐가 부족했던 걸까' 곱씹으면서 자꾸만 부정적인 생각을 하게 되고, 그 생각들은 우리를 짓눌러 위축되게 만든다. 그래서 거절의 순간 이유를 설명해 주는 것은 단순한 말 이상의 의미가 있다. 그것은 상대방이 불필요한 오해에 갇히지 않도록 돕는 최소한의 배려이자 예의다.

치매에 걸린 사람도 존중받을 권리가 있다

치매에 걸린 아버지를 돌보는 한 청년이 있었다. 그의 아버지는 미장 일로 생계를 이어 가던 평범한 사람이었는데 60대에 치매 진단을 받게 되었다. 아버지는 자신이 치매에 걸렸다는 사실에 절망했고, 아들의 충격도 이루 말할 수 없었다. 그런데 얼마 뒤부터 아버지는 기억을 잃어 가며 크고 작은 실수를 하기 시작했고 일도 못 하게 되면서 아들의 고민도 깊어져 갔다. 그러던 어느 날 아버지가 집에서 혼자 라면을 끓이다 냄비를 쏟는 바람에 발에 큰 화상까지 입게 되었다. 고민 끝에 청년은 아버지를 요양원에 보내게 되었다.

하지만 요양원에 들어간 아버지는 빠른 속도로 쇠약해져 갔고

퇴원하기만을 바랐다. 안 그래도 요양원에 모시고 마음이 편치 않았던 아들은 나중에 후회하지 않기 위해 아버지를 다시 집으로 모셔 왔다. 치매를 앓고 있는 아버지를 자신이 돌보기로 결심한 것이다.

청년은 우선 하루 3시간씩 집에 요양 보호사가 오는 방문 요양 서비스를 신청했다. 당일이 되자 방문 요양 센터의 센터장과 요양 보호사가 집으로 찾아왔다. 그런데 그들은 시종일관 아버지를 아무것도 모르는 어린아이 대하듯 했다. 그건 마치 존중을 가장한 하대처럼 느껴졌다. 심지어 아버지가 바로 앞에 있는데도 센터장은 청년에게 "젊은데 벌써 치매라니 불쌍하네요"라고 말했다. 그 말을 아버지가 들었음은 물론이다. 그 면담 이후 모멸감을 느낀 아버지는 일주일 동안 입을 다물었다.

청년은 다른 방문 요양 센터를 찾았다. 하지만 아버지는 아예 구석에 숨어 팔짱을 끼고서는 요양 보호사를 만나 보려고도 하지 않았다. 돌봄 서비스를 거부한 것이다. 결국 요양 보호사는 일을 못 하겠다며 그만두었고 아버지는 왜 자꾸 요양 보호사를 부르냐며 아들을 나무랐다.

그러나 별다른 방법이 없었다. 청년은 방문 요양 센터에 자신의 상황을 얘기하며 도움을 청했다. 센터에서는 그의 이야기를 듣더니 이번에는 다를 거라며 다른 요양 보호사를 연결해 주었다. 그녀의 남편이 초로기 치매(65세 이전에 발병하는 치매)가 있는 사람이라 아버지에 대한 이해가 높을 거라고도 했다. 센터에서 추천해 준 요양 보호사는 집에 와서 그저 아버지를 바라보기만 했다. 그렇게 얼마의 시간이 흘렀을까. 자신을 못 본 척하는 아버지를 보며 그녀가 말했다.

"아버님, 저 계속 일해야 먹고사는데, 이 집에 출근하게 해 주세요! 일하게 해 주실 거죠?"

그러자 아버지는 긴 침묵을 깨고 이렇게 대답했다.

"그럼 자주 와요. 천천히 와도 되니까."

그건 돌봄을 허락하는 말이기도 했지만, 자신이 여전히 누군가에게 필요한 존재라는 사실을 인정받은 사람의 말이기도 했다.

아버지는 안 그래도 치매에 걸려 돌봄을 받을 수밖에 없다는 사실이 수치스럽고, 자신이 아무 쓸모가 없는 존재처럼 느껴져 괴로웠다. 그런데 아직도 자신이 누군가의 먹고살 권리를 보장해 줄 수 있다는 사실을 요양 보호사가 일깨워 주었다. 그러니 얼마나 안도감을 느꼈을까.

이 이야기는 책 《누군가의 곁에 있기》에 있는 조기현 작가의 에피소드이다. 이 책은 치매, 발달 장애, 신체 장애, 정신 질환 등으로 돌봄이 필요한 사람들 곁에 머무는 여섯 명의 이야기를 담고 있다. 그중에서도 치매에 걸린 아버지를 돌보는 조기현 작가의 이야기를 읽으며 참 많은 생각을 하게 되었다.

우리는 장애나 병을 가진 사람들을 무력하고 누군가의 도움이 필요한 존재로만 바라보기 쉽다. 그런데 그런 우리의 시선이 그들에게 병보다 더 큰 상처가 되기도 한다. 그것이 인간의 존엄성을 건드리는 일이기 때문이다.

문득 영화 '스틸 앨리스'의 주인공인 앨리스 하울랜드가 떠올랐다. 그녀는 컬럼비아 대학의 명망 높은 언어학 교수이자 3남매를 둔 엄마로, 같은 대학 교수인 남편에게 사랑받으며 남부러울 것 없는 삶을 살아가고 있었다. 그러나 어느 날 강연을 하는 중 '어휘'라는 단어가 생각나지 않는다. 늘 다니던 조깅 코스에서는 갑자기 길을 잃어버린다. 게다가 자주 하던 요리인데도 재료량을 가늠하지 못해 레시피를 찾아보게 된다. 뭔가 잘못되어 가고 있음을 직감한 그녀는 병원을 찾아갔다가 치매의 일종인 조발성 알츠하이머병 진단을 받는다. 도저히 자신의 병을 받아들일 수 없었던 그녀는 남편에게 울면서 소리친다.

"내가 느껴. 내 뇌가 죽어 가고 있어. 내가 평생 이룬 것들이 다 사라질 거라고."

병이 빠르게 진행돼 도저히 일상생활을 영위할 수 없게 된 그녀는 결국 강의도 그만둔다. 이젠 사람 만나는 것도 두려운 그녀는 "차라리 암이라면 좋겠어. 적어도 부끄럽지는 않잖아. 이런 비참한 기분은 안 들겠지"라고 절규한다.

그렇게까지 알츠하이머병이 끔찍한 병일까 생각하는 순간, 영화는 잔인하게도 그녀가 집에서 화장실을 못 찾아 결국 바지에 오줌을 싸는 장면을 적나라하게 보여 준다. 더 이상 인간으로서의 기본적인 품위조차 지키지 못하는 모습을 생생하게 보여 주는 것이다. 그녀는 절망한다. 머지않아 수치심조차 느끼지 못할 때가 올 것임을 알기 때문이다. 하지만 그녀는 쉽게 인생을 포기하지 않는다. 병세가 계속 악화되어 가는 상황에서도 그녀는 인간으로서의 존엄성을 지키기 위해 최선을 다한다. 그녀는 알츠하이머협회에 나가 사람들에게 말한다.

"전 평생 기억을 쌓아 왔습니다. 그것들이 제게 가장 큰 재산이 되었죠. 제가 평생 쌓아 온 기억과 제가 열심히 노력해서 얻은 것들이 이제 모두 사라져 갑니다. 점점 더 심해지죠. 우린 바보처럼 어리석고, 무능하고, 우스꽝스러워 보입니다. 하지만 이것은 우리가 아닙니다. 우리의 병일 뿐이지요. 지금 저는 살아 있습니다. 사랑하는 사람들이 있고, 하고 싶은 일도 있습니다. 기억을 못 하는 저 자신에게 화가 나곤 하지만 행복과 기쁨이 충만한 순간도 있습니다. 그러니 부디 제가 고통받고 있다 생각하지 마세요. 저는 고통받는 것이 아니라, 싸우고 있는 것입니다. 이 세상의 일부가 되기 위해서, 예전의 나로 남아 있기 위해서 애쓰고 있을 뿐입니다."

그러면서 앨리스는 말한다. 자신은 '여전히 앨리스(still Alice)'라고. 앞서 얘기한 청년의 아버지가 얘기하고 싶은 것도 아마 그런 게 아닐까. 치매에 걸린 사람도 존중받을 권리를 가지고 있다고. 병을 이겨 내기 위해 애쓰고 있는 이를 무가치한 존재로 취급하면서 함부로 대하지 말라고.

단골들이 한 가게 사장의
은퇴식을 몰래 준비한 까닭

"브로드웨이의 상징적인 역사가 과거 속으로 사라졌다."

– 〈FOX 5 New York〉

"그는 브로드웨이의 또 다른 히트작을 만들었다."

– 〈CBS New York〉

"브로드웨이의 가장 오래된 쇼, 스타라이트 델리가 막을 내린다."

– 뉴욕 현지 매체

2023년 뉴욕의 한 샌드위치 가게인 스타라이트 델리 폐점을 앞두고 위와 같은 뉴스 기사들이 쏟아졌다. 미식의 도시인 뉴욕에서 스타 셰프의 레스토랑 오픈 소식이 아닌, 허름한 샌드위치

가게 폐점 소식이 뉴스가 되는 건 매우 드문 일이다.

가게의 주인은 평범한 한국인 부부였다. 김정민, 김자희 부부는 1981년 미국으로 이민을 갔다. 당시 많은 한인 이민자들이 그랬듯 그들은 영어도 할 줄 모르고, 가진 것도 없는 상태에서 이민 생활을 시작했다. 채소 가게, 잡화점 등 사람을 구하는 곳만 있으면 어디든 달려가 닥치는 대로 일해서 돈을 모았고 그렇게 차린 것이 이 샌드위치 가게였다.

1984년 가게를 처음 열던 날, 지난날의 서러움과 앞날에 대한 설렘이 뒤섞였던 마음을 부부는 생생히 기억하고 있다. 그날 이후 39년 동안 가게는 그들의 삶 그 자체였다.

김정민 대표의 하루는 늘 같았다. 새벽 4시에 일어나 가게로 향하고 오전 6시에 문을 열어 밤 8시까지 일했다. 매일 14시간씩 일하는 것이 결코 쉬운 일은 아니었지만 뉴욕의 높은 임대료와 인건비를 감당하려면 어쩔 수 없었다. 그래서 그는 1년에 단 하루 1월 1일을 제외하곤 쉰 적이 없었다.

하지만 그는 불평 한번 하지 않았다. 이른 새벽부터 밤까지 가게를 찾아와 주는 손님들이 그저 고마울 뿐이었다. 가게가 연극과 뮤지컬 등 공연 예술의 성지라 불리는 브로드웨이 근처에 있다 보니 뮤지컬 배우들과 극장 관계자들이 가게를 많이 찾아왔다. 나중에는 '반지의 제왕'의 이안 맥켈런, '섹스 앤 더 시티'의 사라 제시카 파커, '알라딘'의 제임스 먼로 아이글하트 등 스타 배우들도 자주 방문하는 브로드웨이의 명소로 자리 잡게 되었다.

그러나 그는 한결같았다. 언제나 제시간에 신선한 재료로 약속한 음식을 내놓기 위해 최선을 다했고 스타라이트가 사람들이 편안하게 찾아올 수 있는 공간이 되도록 애썼다. 뮤지컬 배우인데 오디션에 떨어져 돈이 없다고 하면 "나중에 내도 괜찮다"며 샌드위치부터 건네주었고, 노숙자들에게도 마찬가지였다. 누가 아프다고 하면 샌드위치를 건네며 기운 내라는 응원의 말을 잊지 않았고, 축하할 일이 생기면 누구보다 기뻐하며 축하의 말을 건넸다. 그에겐 매일 같이 가게를 찾아와 주는 600~700명의 사람들이 그저 손님이 아니라 이웃이고 친구였다.

"배고픈 젊은이들이 '주급을 못 받았다', '지갑이 없다'고 하는데 안 먹일 수는 없지 않습니까. 노숙자는 그날 못 팔고 처분해야 하는 음식을 나눠 준 것뿐이고요. 내가 큰 손해 보는 것도 아니고…."

하지만 뉴욕의 비싼 임대료와 재료비, 인건비 등을 감당하는 게 벅차고 무엇보다도 70세가 넘으니 지치기도 했다. 또 이제는 가족들과 보내는 시간을 더 많이 가지고 싶어서 고심 끝에 폐점을 결정하게 되었다.

2023년 4월 28일 39년간 지켜 온 가게를 문 닫던 날, 시원섭섭한 마음을 달래며 여느 날처럼 샌드위치를 만들고 있는데 가게 밖에서 노랫소리가 들려왔다. 무슨 일인가 싶어 밖으로 나가 보니 브로드웨이 배우들과 극단 관계자 등 단골 수십 명이 그의 새로운 출발을 축하하기 위해 모여 있었다. 그들은 미국에서 작별

할 때 상대방의 행운을 비는 의미로 부르는 '해피 트레일스(Happy Trails)'를 합창하며 감사의 뜻을 적은 커다란 액자를 선물했다.

"우리 다시 만날 때까지 행복한 길을 걸으세요. 그때까지 미소 잃지 말고 행복하게 지내세요."

부부는 전혀 예상치 못한 깜짝 은퇴식에 마음이 울컥했다. 손님들은 말했다. 사장 부부의 집밥 같은 음식이 자신들을 먹여 살렸다, 덕분에 힘든 시절을 잘 이겨 낼 수 있었다, 고맙다, 사장 부부는 자신들의 형제이자 가족이었다…. 그들은 마지막으로 은퇴 선물로 모금한 돈 1만 7839달러(약 2500만 원)를 부부에게 전달했다. 뜻밖의 은퇴 선물을 받은 김정민 대표는 말했다.

"이런 순간이 올 거라고 전혀 예상하지 못했어요. 오늘을 절대 잊지 못할 겁니다. 정말 감사드립니다."

낯선 이국땅에 와서 고생 안 한 사람이 어디 있을까. 그런데 영어 한마디 제대로 못 했던 사장 부부는 고생했던 시절을 잊지 않았다. 그래서 39년간 한 자리를 지키며 브로드웨이를 오가는 흑인, 백인, 동양인, 이민자, 노숙자, 근처 사무실 직원, 관광객 모두를 진심으로 대했다. 그 진심이 대단한 말이나 표현은 아니었다. "오늘도 좋은 하루 보내세요", "이번 오디션, 잘될 거예요", "감기가 빨리 나아야 할 텐데요"라며 상대가 좋은 하루를 보내기를, 좋은 일이 생기기를 바라는 마음을 담아 건넨 소소한 한마디였다. 하지만 39년 내내 상대방의 안부를 묻고 챙기기란 결코 쉬운 일이 아니었을 것이다.

우리는 종종 잊곤 한다. 긴 시간 한결같이 한 자리에서 묵묵히 일하며 우리의 일상을 채워 주고 있는 이웃들―세탁소, 정육점, 생선·야채·과일 가게, 슈퍼마켓, 빵집―의 존재를 말이다. 행복에 대해 연구하는 연세대 심리학과 서은국 교수는 말했다. 절친한 관계는 아니더라도, 편의점, 카페, 분식집, 버스와 지하철, 아파트와 사무실 엘리베이터 등 일상에서 마주치는 사람들과의 사회적 경험이 행복감에 큰 영향을 미친다고.

상대가 오늘 하루 잘 보내기를 바라는 마음을 담아 건네는 소소한 말들과 작은 친절이 우리의 하루를 바꾸고 우리의 삶을 따뜻하게 만든다. 샌드위치 가게 부부의 깜짝 은퇴식은 어쩌면 소소한 말과 작은 친절이 누군가에게는 얼마나 큰 힘이 되는지를 보여 주는 단적인 예가 아닐까.

그들을 취재하고 나서 나는 스스로를 돌아보게 되었다. 매일 마주치는 이웃에게 나는 과연 어떤 얼굴을 보여 주고 있을까. 바쁘다는 이유로 인사도 생략하고 지나친 적은 없었을까. 상대가 좋은 하루를 보내기를 바라는 마음을 담아 "안녕하세요", "수고하세요"라는 말을 먼저 건네고 작은 호의에도 "감사합니다"라는 말을 잊지 않는 것, 다른 건 못 해도 그 정도는 할 수 있지 않을까.

그 많은 손편지들은 지금 어디에 있을까

예전에 일본 작가 무라카미 하루키의 에세이를 중고 서점에서 산 일이 있다. 책을 사고 나와 카페에서 무심히 책을 펼쳤는데 노란색 면지에 이런 손편지가 적혀 있었다.

'DEAR 이슬~*
짜잔! 두 번째 선물!! ㅋㅋ
여행을 좋아하는 나에게 여행을 사랑하는 어느 분이 추천해 준 책이야.
부담 없이 슬금슬금 읽도록! 소소한 하루가 담긴 소소하지 않은 책
당신께 드리옵니다~
- 세계 최고 양갱 오라비가'

검은 펜으로 꾹꾹 눌러 적은 글에는 양갱 씨의 진심이 가득했다. 그런데 어쩌다 2010년 초판 28쇄 발행이라고 적혀 있는 책이 15년이 지나 나에게 오게 되었을까. 이슬 씨와 양갱 씨는 어떤 사이일까. 혹시 사이가 안 좋아져서 이슬 씨가 선물받은 책을 중고 서점에 팔아 버린 걸까. 이 책에 손편지가 적혀 있다는 사실을 잊어버린 건 아닐까. 나도 모르게 온갖 상상을 하게 되었다. 그래서인지 책을 읽는 동안 어떤 날은 소중한 마음이 담긴 책을 읽는 기분이었다가 어떤 날은 이 책을 팔아 버린 걸 알면 양갱 씨가 섭섭하겠다는 생각에 괜히 안타까운 마음이 들기도 했다.

그러다 문득 지금까지 내가 쓴 수많은 손편지들의 행방이 궁금해졌다. 손편지들은 잘 지내고 있을까, 혹은 이미 제 역할을 다하고 사라졌을까. 아니면 이도 저도 아닌 채 존재하고만 있을까. 그리고 손편지를 썼던 그때의 마음들은 지금 어떻게 됐을까. 가끔 떠올리며 웃음 짓게 되는 추억이 되었을까. 힘들 때 보며 위로를 받는 안식처가 되었을까. 아니면 후회 섞인 마음에 맥주 한 캔 따게 되는 가슴 아픈 일이 되었을까.

책상 한편에 둔 철제함을 열어 보게 된 건 그 때문이었다. 그 안에 수년간 받은 손편지와 엽서들을 모아 뒀는데 생각해 보니 다시 꺼내 읽은 적이 없었다. 그런데 오랜만에 그 편지들을 꺼내 하나씩 읽어 보니 감회가 정말 새로웠다. 그 친구가 이런 얘기를 해줬구나, 그 선배가 이런 얘기를 했네 하며 넘기다 보니 잊고 있던 그때 그 시절이 생생하게 다가왔다. '그땐 그런 일도 있었지' 하는 웃음과 함께 '그래도 이런 마음들 덕분에 버텼구나' 싶은 고마움도 밀려왔다.

그리고 편지들을 하나하나 넘기다 보니 재미있는 사실 하나를 발견했다. 그 속엔 그들이 바라본 내 모습이 담겨 있었는데 서로 다른 시기, 다른 이유로 만난 사람들이었지만 놀랍게도 비슷한 말을 건네고 있었다. 그들이 적은 문구들을 통해 나도 몰랐던 내 모습을 새롭게 발견하는 느낌이었다. 그중 12월에 일로 만난 사람들과 함께한 자리에서 주고받은 롤링페이퍼가 눈에 들어왔다.

'감독님, 제게 환하게 웃어 주던 첫날이 아직도 생생합니다. 어쩌면 그날부터 우린 친해질 운명이었나 봐요.'

이렇게 시작된 짧은 글 안엔 나에게 건네는 다정한 마음이 담겨 있었다. 일에만 몰두하느라 내가 혹시나 서운하게 한 건 없을까, 내심 걱정하던 차에 그 글을 읽으며 안도했던 기억이 났다. 그 이후 촬영 현장에서 내 마음이 한결 가벼워진 것도 그 덕분이었다.

또 하나 인상 깊었던 편지는 연습장 한 귀퉁이를 뜯어 급히 쓴 흔적이 고스란히 남아 있었다. 그건 오래 알고 지냈지만 한동안 소원했던 한 후배가 오랜만에 나를 만나러 오면서 쓴 편지였다. 우리는 몇 년을 가깝게 지내다 별다른 이유 없이 연락이 끊겼고, 어느새 안부를 묻기도 어색한 사이가 되어 있었다. 그러던 중 그가 암 초기 진단을 받고 수술을 한다는 소식을 전해 들었다. 나는 걱정이 되어 그에게 전화해 안부를 물었고 우리는 다시 얼굴을 보기로 했다.

그가 편지를 건넨 건 그렇게 오랜만에 만나서 헤어질 때였다.

'이게 얼마만인지 모르겠다는 인사가 어색할 만큼 누나와 물리적 거리가 생긴 느낌이었는데, 아프고 나니 잘 지내냐는 안부 인사가 눈물 나게 고맙고 감동이었어요.'

그날 우리가 무슨 대화를 나누었는지는 잘 기억나지 않는다. 그런데 그 편지는 몇 년이 지난 지금도 그가 내 연락을 얼마나 고마워했는지 충분히 알게 해 주었다.

우리는 종종 말로 하기는 쑥스럽거나 진지한 마음을 편지에 담는다. 시간을 내어 편지지나 엽서를 사고, 거기에 그 사람을 생각하며 한 자 한 자 적는다. 손편지가 특별한 건 어쩌면 상대방을 생각하며 쓴 시간과 정성이 그 속에 담뿍 묻어 있기 때문이 아닐까. 어쨌든 나는 그날 까맣게 잊고 있던 손편지들을 읽으며 내게 편지를 써 준 고마운 사람들을 떠올렸다. 그 편지에 담긴 마음을 잊지 않고 살아간다면 괜찮은 삶을 살 수 있지 않을까 하는 생각도 했다.

앞으로 누군가에게 손편지를 쓸 때는 그 사람에게 해 주고 싶은 말을 신중하게 잘 골라야겠다. 그도 나처럼 몇 년 후 손편지를 열어 보고 무심히 지나던 하루를 잘 살아 보고 싶어질지도 모르니까.

사람의 마음을 얻는 가장 쉬운 방법

　미하엘 엔데의 소설 《모모》에서 주인공인 모모는 어느 커다란 도시의 외곽, 옛 원형 극장 터에서 혼자 사는 꼬마 소녀다. 초라한 행색에 가진 것도 없지만 모모의 집에는 언제나 손님이 끊이지 않는다. 심지어 마을 사람들은 무슨 일이 생기면 모모에게 가 보라고 말한다. 모모가 손금을 보는 재주가 있거나 앞날을 내다보는 능력을 가지고 있었던 건 아니다. 대신 모모는 그 누구도 따라갈 수 없는 재주를 하나 가지고 있었다. 그것은 바로 다른 사람의 말을 잘 들어 주는 재주였다.

　"모모는 어리석은 사람이 갑자기 아주 사려 깊은 생각을 할 수 있게끔 귀 기울여 들을 줄 알았다. 상대방이 그런 생각을 하게끔 무슨 말이나 질문을 해서가 아니었다. 모모는 가만히 앉아서 따뜻한 관심을 갖고 온 마음으로 상대방의 이야기를 들었을 뿐이다. 그리고 그 사람을 커다랗고 까만 눈으로 말끄러미 바라보았을 뿐이다. 그러면 그 사람은 자신도 깜짝 놀랄 만큼 지혜로운 생각을 떠올리는 것이었다."

모모는 섣부른 충고나 조언을 하지도, 위로의 말을 건네지도, 멋대로 판단을 내리지도 않았다. 그저 온 마음으로 상대방의 이야기에 귀 기울이면, 사람들은 자신의 고민을 털어놓다가 어느 순간 스스로 해결책을 찾아냈다.

"내 인생은 실패했고 아무 의미도 없다, 나는 전혀 중요하지 않은 사람이다, 마치 망가진 냄비처럼 언제라도 다른 사람으로 대치될 수 있는 그저 그런 수백만의 평범한 사람 가운데 한 사람에 불과하다, 이렇게 생각하는 사람은 모모를 찾아와 속마음을 털어놓았다. 그러면 그 사람은 말을 하는 중에 벌써 어느새 자기가 근본적으로 잘못 생각하고 있었다는 사실을 깨닫게 되었다. 지금 있는 그대로의 나와 같은 사람은 이 세상에 단 한 사람도 없다, 그렇기 때문에 나는 나만의 독특한 방식으로, 이 세상에서 소중한 존재다, 이런 사실을 깨닫게 되는 것이었다."

어릴 적《모모》를 읽었을 때는 위의 구절을 잘 이해할 수 없었다. 모모는 단지 말없이 들어줄 뿐인데, 사람들이 이야기를 털어놓다 어느새 스스로 해답을 찾는 모습이 마냥 신기하게만 느껴졌다. 그런데 나는 '다큐 3일'과 '유 퀴즈'를 통해 수많은 사람들을 만나며 그 일이 실제로 일어나는 것을 경험했다.

'다큐 3일'을 찍을 때의 일이다. 분주한 저녁 시간 종로의 먹자골목에서 한 밥집의 풍경을 담는 중이었다. 손님들과 인터뷰를 하고 있는데 한 아주머니가 피로한 얼굴로 밥집에 들어섰다. 그녀에게 다가가 혹시 인터뷰가 가능하냐고 묻자 "어휴, 나 같은 사람이 방송에 나갈 게 있나. 보잘것없는 밥집 아줌만데…"라고 했다. 그럼에도 자신에게 다가와 말을 건 내가 싫은 눈치는 아니었다. 그래서 조심스럽게 이런저런 질문을 하기 시작했다.

그녀는 근처 식당에서 일을 하는데 이제껏 밥을 못 먹어 얼른 먹고 집에 갈 거라고 했다. 처음에는 자신의 이야기를 꺼내는 걸 쑥스러워하던 그녀는 어느새 밥 먹는 것도 잊고 자신의 이야기를 하나둘씩 꺼내 보였다. 나는 어느샌가 아주머니의 이야기에 빠져들었다. 그것은 어디에도 없는 그녀만의 인생 이야기였다. 아주머니는 자신의 인생이 보잘것없다고 했지만 결코 그렇지 않았다. 나는 인터뷰를 끝내고 아주머니에게 "너무 훌륭하세요. 잘 살아오셨습니다"라고 말했다. 그녀의 인생을 들으며 느낀 감정에 비하면 턱없이 부족한 표현이었지만, 그 말을 들은 아주머니는 한이 풀린 것처럼 개운해 보였고 마음이 벅찬 것도 같았다.

밥집에서 나와 인사를 나누고 걸어가던 아주머니가 갑자기 뒤돌아서더니 나에게 말했다.

"나, 이 일 하길 잘한 것 같아."

내가 한 일은 그녀의 이야기를 마음을 다해 귀담아듣고, 듣다 보니 궁금한 게 있어서 몇 가지 질문을 던졌을 뿐이었다. 그런데 그 대화를 통해 아주머니는 스스로 보잘 것 없다던 인생을 돌아보며 결국에는 자신의 인생을 긍정하게 되었다. 모모가 가진 경청의 힘을 경험해 보니 정말 놀라웠다.

충무로 인쇄 골목을 취재할 때도 마찬가지였다. 충무로에서 을지로로 이어지는 200미터 남짓한 골목을 따라 인쇄와 출판, 종이 가게들이 빼곡히 모여 있는데, 그 골목은 호황기였던 1980~90년대를 지나면서 조금씩 쇠락의 길을 걷기 시작했다. 그러다 인터넷이 발달하고 자본력으로 무장한 대형 업체들이 생겨나면서 기술 하나로 버텨 온 인쇄 골목의 소규모 영세 업체들은 경쟁력을 잃고 무너져 내렸다.

취재를 갔던 2009년, 그 골목의 풍경은 참 쓸쓸했다. 한 업체 사장은 하루 종일 인쇄 기계가 돌아가는 소리 때문에 귀가 아프던 시절도 있었는데, 이제는 일감 자체가 많지 않다 보니 기계 소리가 그립다고 했다. 옛날엔 '쿠궁 쿠궁' 하며 종이를 찍어 내는 기계 소리가 마치 '10원, 10원, 10원'처럼 들렸는데 지금은 '3원, 2원, 2원' 이렇게 들린다고 했다.

그런데 골목을 돌아다니다 보니 30년 경력이 보통인 그곳에서 앳돼 보이는 한 청년 사장을 만나게 되었다. 그의 젊음이 더 도드라져 보였던 건 그가 만지고 있는 인쇄기에서 엄청난 세월이 느껴졌기 때문이다. 그는 워낙 낡은 기계다 보니 골치를 썩일 때가 많다면서 그럴 때는 기계에 대고 제발 한 번만 도와 달라고 사정을 한다고 했다.

나는 그에게 몇십 년 경력의 사장들이 즐비한 곳에서 인쇄 일을 하고 있는 마음이 어떠냐고 물었다. 그러자 그는 곤란한 듯 이 일이 천직이라고 생각해 본 적은 없어서 자신이 방송에 나가는 게 맞는지 모르겠다고 대답했다. 일에 대한 애정도 크게 없고, 할 줄 아는 게 이 일이니 하고 있을 뿐이라고도 했다. 묻고 싶은 건 많았지만 그가 더 이상 인터뷰를 하고 싶지 않은 것 같아서 나는 일단 가게를 나왔다.

그런데 다음 날 늦은 저녁, 그 가게의 불이 켜져 있었다. 문을 닫은 곳도 많은데 그는 이 시간까지 어떤 이유로 남아 있는 것일까. 나는 혹시나 하는 마음에 다시 가게 안으로 들어갔다. 쿠궁 쿠궁, 오래된 인쇄기의 소리가 마치 심장 소리 같았다. 어제 들었던 말도 있기에 나는 그냥 그가 일하는 모습을 지켜보자 싶었다.

잠시 후 시끄러운 인쇄기 소리가 멈추자 가게 안엔 정적이 흘렀다. 그리고 가만히 생각에 잠겨 있던 그가 툭하고 말을 꺼냈다. 사실 어제 내가 다녀가고 나서 자신이 했던 말들을 곱씹어 봤는데 마음이 안 좋았단다.

"요즘 혼잣말할 때도, 사람들을 만날 때도 입버릇처럼 그랬습니다. 내가 왜 이걸 배워서 이 고생을 하고 있나. 근데 어제 촬영감독님이 가고 나니까 '그래도 나를 밥 먹게 해 주는 직업인데 내가 이렇게 얘기하는 게 맞나' 하는 생각이 들더라고요."

하루가 멀다 하고 폐업과 부도 소식이 들려오는 가운데 입버릇처럼 하는 말들을 곱씹어 보던 그는 문득 15년 전 이 일을 처음 시작했을 때 가졌던 꿈을 떠올리게 됐다고 했다.

"그때 저는 이 일이 너무 하고 싶어서 시작했거든요. 지금도 어떻게든 이 일을 계속하고 싶어요. 여기서 도태되고 싶지 않고 기계도 더 늘려서 넓은 공간으로 가고 싶고, 여유가 되면 직원도 두고 싶고…."

그러면서 살짝 미소를 짓는데 그 모습이 참 좋아 보였다. 다시금 자신의 일을 애정 어린 시선으로 바라보게 된 그의 얼굴엔 생기가 흘러넘쳤다. 아무것도 바뀐 건 없는데 그의 어제와 오늘은 분명 달라 보였다. 인터뷰를 끝내고 나오는데 그가 나에게 말했다.

"고맙습니다."

감사의 인사를 받을 만큼 내가 한 일은 없었다. 아니, 오히려 고마운 건 나였다. 나는 방송을 위해 취재를 나간 것이었고, 그는 누구보다 인터뷰에 성실히 답해 주었다. 그런데 왜 그는 나에게 고맙다는 말을 한 것일까. 나는 그 또한 경청의 힘임을 깨달았다. 따뜻한 관심을 가지고 그의 이야기를 잘 들어 주었을 뿐인데 그는 근본적으로 자신이 무엇을 잘못 생각하고 있는지를 깨달았고, 그 과정을 통해 잊고 있었던 꿈을 되찾았다.

그 뒤로도 나는 수많은 사람들을 만났고, "고맙다"는 말을 꽤 많이 들었다. 그러다 어느 순간 모모가 가진 능력에는 필수적으로 동반되는 것이 있음을 깨달았다. 남의 이야기를 귀담아듣기 위해서는 내 소중한 시간을 기꺼이 내어 주어야 한다는 것이었다. 모모는 사람들이 자신을 찾아오면 바쁘다며 돌려보내는 법이 없었다. 타인을 위해 자신의 시간을 기꺼이 쓴 셈이다.

혹시 말하는 사람의 반대말이 무엇인지 아는가. 답은 '듣는 사람'이 아니다. 자신이 말할 차례를 '기다리는 사람'이다. 미국의 작가 프랜 리보위츠가 한 말이다. 우리는 누군가 내 이야기를 들어 주기를 바라지만 정작 상대방의 이야기를 들어 줄 시간과 여유는 없다고 말한다. "바빠서", "나중에 얘기하자", "다음에"라며 그 시간을 뒤로 미룬다. 말하고 싶어 하는 사람은 넘쳐 나지만 잘 들어 주는 사람이 귀한 이유다. 상대에게 1초도 쓰기 아까워하며 지켜 낸 시간을 우리는 무엇으로 채우고 있을까.

모모는 다른 사람의 말을 잘 들어 주는 재주로 많은 친구들을 얻었다. 그러니 사람의 마음을 얻고 싶다면 모모처럼 해 보면 어떨까. 단 섣부른 충고나 조언을 해선 안 되고, 멋대로 판단을 내려서도 안 된다. 그저 가만히 온 마음을 다해 정성스럽게 잘 들어 주어야 한다. 그 전에 당신의 시간을 온전히 그를 위해 내줄 준비가 되어 있어야 함은 물론이다.

그가 4년째 잠들기 전 빼놓지 않고 하는 것

드라마 '상속자들'로 이름을 알리고 영화 '기술자들'과 '스물'의 흥행으로 많은 사랑을 받은 배우 김우빈. 탁월한 연기력을 갖추고도 겸손함을 잃지 않고 계속 노력하는 그를 보며, 사람들은 이제 그에게는 승승장구할 일만 남았다고 말했다. 그런데 2017년 어느 날 그는 병원에 갔다가 비인두암(비인두, 즉 코 뒤와 목 사이 부위에 생기는 암) 판정을 받게 되었다. 그게 정확히 무슨 뜻인지 몰라 멍해 있는 그에게 의사는 말했다.
"짧으면 6개월입니다."
그때 그의 나이는 스물일곱이었다. 그는 어릴 때부터 자신이 살고 싶은 미래를 선명히 그리며, 그곳에 닿기 위해 치열하게 고민하고 끊임없이 노력해 왔다. 모델을 꿈꿨던 10대 시절에는 어떻게든 모델학과에 들어가고 싶은 마음에 27번이나 학과 게시판에 질문을 남기기도 했다.

'중학교 1학년 때부터 모델이 꿈이었는데 키는 186에 몸무게는 65킬로그램 정도 나가요. 열심히 살을 찌우고 있는데 잘 안되네요.'

'진짜 아무것도 모르겠어요. 앞으로 성적 관리는 어떻게 해야 하며, 수시 1차에 붙으려면 어떻게 해야 되는지 좀 자세히 알려주세요. 수고하세요.'

막막할 때마다 게시판에 남긴 질문들에는 그가 체중을 늘리고 근육을 관리하기 위해 어떤 노력을 하고 있는지가 상세히 적혀 있었다. 그것만 봐도 그가 얼마나 부단히 노력했는지 엿볼 수 있었다. 그렇게 간절했던 모델학과에 합격한 뒤 그의 일상은 더 치열해졌다. 술을 마시고 노는 시간이 아깝게만 느껴졌다는 그는 강의가 끝나면 바로 연습실로 달려가 혼자 워킹 연습을 했다. 목표를 정하고 거기에 맞춰 연습, 또 연습에 몰두하는 그의 태도는 연기자로 데뷔한 이후에도 계속 이어졌다. 그는 쉬지 않고 역할을 맡고, 연습을 하고, 자신을 관리하며 살았다.

그런데 비인두암 판정으로 그의 치열한 삶에 갑자기 정지 버튼이 눌렸다. 그는 모든 활동을 중단하고 항암 치료와 방사선 치료를 받으며 투병 생활을 시작했다. 죽음의 공포 앞에서 그는 앞만 보며 달려왔던 자신의 삶을 돌아보게 되었다. 생각보다 투병 기간이 길어지면서 살이 빠지고 체력도 예전 같지 않음을 느낄 때마다 두려웠지만 그는 자신을 응원해 주는 사람들을 생각하며 다시금 힘을 냈다. 결국 그는 6년이라는 긴 공백기 끝에 병을 이겨내고 다시 현장으로 복귀했다.

그는 이제 목표를 정하지 않고 산다고 했다. 큰 목표를 세우고 그것을 이루기 위해 노력하는 삶도 좋지만 그 과정에서 오늘을 희생하지는 않기로 마음먹었기 때문이다. 그래서 그는 바쁜 와중에도 하루 두 번 꼭 하늘 올려다보기, 세 끼 다 챙겨 먹기, 친한 친구의 눈을 보며 이야기하기 등 너무 당연해서 놓치고 있었던 인생의 소중한 것들을 챙기는 데 열심이다. 그는 요즘 매일 밤 이렇게 생각했다.

'오늘보다 더 잘 살 자신은 없다!'

그런 그가 잠들기 전 가장 마지막으로 빼놓지 않고 하는 것이 있다. 예전의 자신처럼 투병 생활로 힘들어하는 사람들을 위해 기도를 하는 것이다. 그는 말했다.

"제가 아팠을 때 고맙게도 수많은 분들이 저를 위해 기도해 주시고 응원해 주셨어요. 그 덕분에 제가 더 빨리 건강해졌다고 생각합니다."

그래서 그는 4년째 하루도 거르지 않고 아픈 사람들을 위해 간절히 기도를 올린다.

그는 인터뷰 말미에 나에게 물었다. 지금 이 순간에도 병마와 싸우고 있을 사람들에게 영상 편지를 남기고 싶은데 그래도 되느냐고. 그의 눈은 더없이 진지했고 간절했다. 당연히 가능하다는 나의 말에 그는 숨을 고르고 조심스럽게 말했다.

"지금 병마와 싸우고 계신 분들이 얼마나 아프고 또 고통스러우실지, 두렵고 무서우실지 완전히 이해할 수는 없지만 저도 겪어 봤기 때문에 어느 정도는 알 것 같습니다. 우리가 뭔가를 잘못해서 혹은 잘못 살아서 이런 일들이 우리한테 펼쳐진 게 아니라 그냥 우리는 그중에서 운이 좀 안 좋았던 것뿐이니까 후회나 자책으로 시간 보내지 마시고 여러분 자신과 또, 여러분이 사랑하는 많은 사람들을 생각하면서 힘내셨으면 좋겠습니다. 저도 많이 응원받고 기도받았던 마음 잘 간직해서 오늘도 더 많은 가정에 기적이 일어날 수 있도록 간절히 기도하겠습니다. 힘내세요. 파이팅!"

눈시울이 붉어지고 감정이 북받쳐 오르는 듯 순간순간 말을 잇지 못하면서도, 그는 끝까지 차분하고 담담하게 하고 싶은 말을 전했다. 알지도 못하는 사람들을 위해 4년간 하루도 빠짐없이 기도해 온 그 마음을 어찌 다 헤아릴 수 있을까. 하지만 기적이 일어나기를 바라는 간절한 마음이 내게도 고스란히 전해져 가슴이 먹먹했다.

이 글을 쓰는 지금 나도 기도하는 마음으로 적어 본다. 뭔가를 잘못해서가 아니라 운이 좀 안 좋았던 것뿐이라는 그의 말이 병마와 싸우느라 지친 이들에게 꼭 가닿기를, 그래서 정말로 기적이 일어나기를⋯.

'미안하다'는 말 속에 숨어 있는 말

오후 4시, 해가 아직 남아 있는 시간이었다. 포장마차로 들어온 60대 남자 둘은 꼼장어에 소주 한 병을 시켰다. 나는 그들에게 인터뷰 요청을 했다. 그중 한 남자는 내게 얼마 전 할아버지가 되었다며 얼른 한 잔 마시고 손자를 보러 가야 한다고 했다. 말만 해도 손자의 얼굴이 아른거리는지 엉덩이가 들썩들썩했다.

마주 앉아 있는 남자는 나에게 휴대폰을 보여 주며 첫째 딸은 천사, 둘째 딸은 공주라고 입력되어 있다고 했다. 화면에 천사나 공주 글자가 뜨기만 해도 너무 좋단다. 말하다 보니 목소리가 듣고 싶었는지 남자는 첫째 딸에게 전화를 걸었다. 하지만 바쁜 일이 있는지 딸이 전화를 받지 않았고 그는 금세 시무룩해졌다. 옆에서 지켜보던 친구는 짓궂은 표정으로 그를 놀렸다.

"거봐, 남자 친구 만나느라 전화 못 받는 거라니까. 너만 모르고 있는 거야."

그는 바쁜가 보지, 하며 휴대폰을 내려놓고 술을 마셨다. 그러고는 친구와 다른 주제로 말을 이어 갔지만 흥이 나지 않는지 술잔 부딪히는 소리만 크게 들렸다. 다행히 곧 딸에게 전화가 걸려 왔고 그는 그제야 마음이 풀리는지 왜 전화를 안 받았냐고, 그냥 네 목소리가 듣고 싶어서 전화했다고 말했다. 잠시 후 전화를 끊은 그는 친구에게 말했다.

"딸이 나를 사랑한댄다. 너는 이런 딸 없지?"

그러자 친구는 그의 그런 모습이 익숙한 듯 "그래, 좋겠다" 하고 술을 들이켰다. 나는 딸 목소리를 듣고 기분이 좋아서인지 술 한 병을 금세 비우고 얼굴이 붉어진 그에게 물었다. 나중에 딸이 결혼하게 되면 식장 들어가기 전에 마지막으로 무슨 말을 해 주고 싶냐고. 그는 잠시 고민하더니 말했다.

"미안하다고, 가기 전에 더 잘해 줘야 했는데, 마음만큼 못해 줘서 미안하다는 말을 하고 싶어요."

그러면서 그의 눈에 눈물이 차오르는 걸 보는데 나도 모르게 보고 싶은 얼굴이 떠올랐다. 살아 계셨다면 우리 아버지의 마음도 그러했을까.

내가 가장 애정하는 책 중의 하나인 《코스모스》를 쓴 미국의 천문학자 칼 세이건. 그에게 사샤 세이건은 딸이자 세상을 함께 탐사하는 동료였다. 그래서 그는 딸에게 한 번도 "그건 원래 그런 거야", "내가 그렇다면 그런 거야"와 같은 말을 하지 않았다고 한다. '죽음'의 의미를 처음으로 알게 된 딸이 매일 밤 그에게 "죽지 마!"라고 말하자 '정확성'을 중시하는 그는 이렇게 답했다.

"최선을 다할게!"

그러나 칼 세이건은 1996년 골수성 백혈병으로 세상을 떠나고 말았다. 그는 세상을 떠나기 전 딸에게 "미안하다"고 말했다. 딸이 상실과 슬픔을 겪을 때마다, 때론 삶에서 최고의 순간에, 아버지의 부재를 느끼게 될 것이 미안했기 때문이다.

우리는 잘못을 저질렀을 때 상대방에게 사과하며 용서를 바란다. 하지만 때로 미안하다는 말은 '너무 사랑한다'는 말의 다른 표현임을 이제는 안다. '사랑한다'는 말로는 그 마음을 다 담을 길이 없을 때, 내가 가진 걸 다 주어도 아깝지 않고 그저 더 못 줘서 안달 나고 상대방이 그저 존재해 주는 것만으로도 고마울 때 '미안하다'는 말을 하게 된다는 것을 이제는 안다. 그래서 나는 결혼식장에서 딸에게 '미안하다'는 말을 하고 싶은 아버지의 마음을, 세상을 떠나기 전 딸에게 '미안하다'는 말을 건넨 아버지의 마음을 '사랑'이라고 읽을 수밖에 없었다. 아마도 그 딸들도 '미안하다'는 말 속에 얼마나 많은 사랑이 숨어 있는지 알고 있지 않을까.

타인의 비극에 대한 최소한의 예의

지난 6월 이란 이스라엘 전쟁이 발발했을 때 김지윤 정치학 박사가 진행하는 '김지윤의 지식Play'에 중동 전문가인 국립외교원의 인남식 교수가 출연한 적이 있었다. 그는 중동의 심각한 정세를 어떻게 바라봐야 하는가에 대해 자신의 견해를 담담히 밝혔다. 그의 뛰어난 통찰력과 혜안에 고개를 끄덕이고 있을 때쯤 그가 마지막으로 하고 싶은 말이 있다고 했다.

"우리는 뉴스를 보며 제3자의 입장에서 전쟁 무기와 중동 정세를 분석하지만 그곳에서는 사느냐 죽느냐의 문제입니다."

그는 작년 7월 팔레스타인 가자지구 외곽에서 하마스와 이스라엘의 전쟁 상황을 지켜보고 있었다고 했다. 저 멀리 폭탄이 떨어지는 굉음이 들리고 이미 형체를 알아보기 힘들 만큼 여기저기 무너진 건물들을 보며 전쟁의 처참함을 마주하고 있을 때, 옆에 있던 이스라엘 외교부 소속 외교관이 그에게 말했다.

"교수님, 자외선 차단제 한 번 더 바르시죠. 물도 좀 드시고요."

불과 3~4킬로미터 거리에서 폭탄이 떨어질까 봐 벌벌 떨고 있는 사람들이 있는데 누군가는 자외선을 걱정하며 차단제를 바르고 있는 것이었다. 그것은 마치 한국에서 전쟁이 벌어지고 수많은 사람이 죽어 가는 와중에, 외국 전문가들이 동해나 서해의 함상 위에서 한가하게 '서울은 어떻고 평양은 어떻다'는 분석을 늘어놓는 모습 같았다. 그래서 그는 그런 상황일수록 역지사지의 태도를 잃지 않는 것이 중요하다고 힘주어 말했다. 그 영상 댓글에 한 네티즌이 다음과 같은 글을 올렸다.

'홍콩 민주화 운동 때 한 홍콩인이 했던 인터뷰가 생각난다. 젊은 시절 한국에서 민주화 운동이 벌어지고 있다는 이야기가 아침 뉴스에 나왔는데 자신은 아비규환인 한국에서 벌어진 일을 불구경하듯 지켜봤다고. 아마 지금 한국인들도 홍콩을 그렇게 보고 있을 거라고.'

문득 스스로에게 실망했던 한순간이 떠올랐다. 방송 일을 시작한 지 얼마 안 된 때였다. 건강 관련 프로그램 촬영차 한 대형 병원 응급실에 간 적이 있었다. 겨울철 뇌졸중 환자의 응급 처치 과정을 담기 위해 응급실 앞에서 환자를 기다리고 있었는데 몇 시간이 지나도록 환자가 오지 않았다. 긴급한 순간을 놓칠까 봐 화장실도 못 간 채 대기하고 있는데 병원 관계자가 다가와 "보통 때 같으면 환자가 한두 명은 왔을 텐데 오늘따라 없네요"라고 말했다. 순간 나는 "그러게요. 빨리 한 분이라도 오셔야 촬영을 할 텐데요"라고 말할 뻔하다가 멈칫했다.

나는 지금 누군가가 쓰러지기를 기다리고 있는 게 아닌가. 타인의 목숨이 위험한 상황에 처하기를 바라고 있는 셈이었다. 내 일만 생각했지 다른 사람의 상황은 전혀 고려하지 못한 것이었다. 순간 스스로가 너무 부끄럽게 느껴졌다. 그리고 섬뜩했다. 나는 타인의 비극을 기다렸다는 듯 이용하는 사람과 거리가 있을 줄 알았는데 아니었다. 한순간에 나 또한 괴물이 될 뻔했다.

그때 마음을 다잡았다. 며칠을 더 기다리는 한이 있더라도, 심지어 결과물을 만들지 못하더라도 최소한 타인에게 비극이 일어나기를 기다리는 마음은 갖지 말자고. 일이 아무리 중요하더라도 최소한의 인간성은 놓지 말자고.

타인의 불행과 비극 앞에서 모두가 인류애를 발휘해 그에 앞장서자는 얘기가 아니다. 나에겐 너무 큰 비극이지만 남에겐 그것이 그저 타인의 일일 수 있다. 팔레스타인 가자지구와 홍콩에서 벌어진 시위가 지금 당장 나와 아무 관련이 없을 수 있다.

하지만 적어도 그 불행과 비극 앞에서 자외선 차단제를 바르는 일을 최우선으로 두지 않을 수 있고, 더 나아가 그 불행과 비극을 기다렸다는 듯이 이용하는 일은 하지 않을 수 있다. 그처럼 역지사지의 태도를 잃지 않는 것이 타인의 비극에 대한 최소한의 예의가 아닐까.

몇 년 전 처음으로 광고 캠페인 연출을 맡게 되었다. 응급의학과 의사가 주인공이다 보니 그가 응급실에서 얼마나 치열하게 하루하루를 보내고 있는지를 담아내는 게 중요했다. 그런데 3일 밤낮 응급실에 있었지만 큰 사건은 일어나지 않았다. 결국 촬영을 접고 철수했는데 의사에게서 연락이 왔다.

"철수하시자마자 심정지 환자가 왔는데 응급 처치를 잘 마쳐서 회복하셨어요. 그 장면을 담았으면 좋았을 텐데, 어떡하죠?"

나는 대답했다.

"아휴, 치료 잘 받고 회복하셨다니 다행이네요. 저는 괜찮습니다. 자료 화면으로 대체하거나 다른 방법을 고민해 볼게요."

진심이었다. 연출자로서 아쉬움이 없는 건 아니었지만 응급 환자가 위험한 상황을 넘긴 게 정말 다행이라고 생각했고, 담지 못한 응급 상황을 대신할 방법은 어떻게든 찾아내면 된다고 생각했다. 타인의 비극을 기다리는 말을 아무렇지 않게 내뱉을 뻔한 일, 그것은 한 번으로 충분하기에.

CHAPTER 5

현명한 사람들이
비관적인 말을 함부로
내뱉지 않는 이유
: 삶의 기술

불운이 닥쳤다고
누구나 세상을 원망하는 건 아니다

소아암 병동을 취재하는 날이었다. 면역력이 약한 소아암 환자들을 만나기 위해서는 출입 제한 구역이라고 써 있는 문을 지나가야 한다. 막상 문 앞에 서니 스쳐 가는 여러 생각들 때문에 긴장이 되기 시작했다. 무엇보다 힘든 치료를 버텨 내고 있을 아이들에게 어떻게 말을 건네면 좋을지, 들어가기 전부터 마음이 무거워졌다.

내가 들어간 병실에는 세 살에서 열일곱 살까지의 아이들이 있었는데, 그중 몇몇 아이들은 항암제 부작용으로 인해 머리카락이 빠져 있었다. 그중 문 앞에 있던 초등학교 6학년 남자아이가 나를 반겨 주었다. 아이는 방송 카메라를 보더니 반 친구들에게 자신의 모습을 보여 줄 수 있을지도 모른다는 생각에 신나 했다. 아이는 낮에도 친구 몇 명이 다녀갔는데 그들이 응원 메시지도 남기고 갔다며 내게 자랑했다.

아이는 골육종 환자였다. 얼마 전 뼈에 암이 생긴 걸 발견해 이제 막 항암 치료를 받기 시작했다. 아이는 선수반에서 수영을 했었다며 힘들 때는 언젠가 바다로 수영하러 갈 날을 상상하며 버틸 거라고 했다. 나라면 첫 치료를 앞두고 걱정과 두려움으로 떨렸을 것 같은데 아이는 대화 내내 밝고 긍정적이었다. 다음 날 힘든 치료를 받아야 하지만 잘 이겨 낼 거라고 자신하는 아이의 얘기를 들으며 나는 슬쩍 아이 엄마의 얼굴을 봤다. 아이가 밝은 모습을 보이는 게 다행스러우면서도 내일 치료를 잘 버틸 수 있을지 걱정하는 복잡한 심경이 느껴졌다.

다음 날 오후, 아이는 주사실로 향했다. 항암 치료를 위해 가슴에 반영구적인 주사 장치를 달아야 했기 때문이다. 막상 1인치 길이의 주삿바늘을 보자 긴장이 되었는지 아이가 엄마의 손을 꽉 잡았다.

그런데 고개를 저으며 바로 잡았던 손을 놓는 게 아닌가. 엄마가 의아한 눈빛으로 쳐다보자 아이는 "이렇게 텔레비전에 나오면 아이들이 놀린단 말야"라고 말했다. 그러자 엄마는 웃으면서 카메라를 의식하지 말라며 가볍게 타박했다. 잔뜩 긴장한 아이의 모습에 모두가 걱정했는데 아이가 내뱉은 예상치 못한 말 덕분에 주사실에 웃음꽃이 피었다. 치료를 마친 간호사는 아이에게 씩씩

하게 잘 견뎠다며 서비스 삼아 아이의 가슴 위 붕대에 귀여운 자동차를 그려 주었다.

그날 밤, 의사들이 병실로 찾아와서는 아이에게 항암제에 대해 설명해 주었다. 항암제를 맞고 나면 혹시나 부작용으로 구토를 할 수 있고, 서 있는 것도 힘들 수 있다고 했다. "잘 이겨 낼 수 있지?"라고 의사가 물어보자 아이는 고개를 끄덕였다. 의사들이 떠난 뒤 아이는 아무 일 없다는 듯 노트북을 켜고 화면을 보았다. 걱정되는 마음에 괜찮냐고 묻자 아이는 괜찮다며 미소를 지었다. 그리고 엄마 눈에 눈물이 고여 있는 걸 보고는 "왜 울려고 그래?"라며 더 활짝 웃어 보였다.

잠시 후 아이의 엄마는 복도로 나가 저쪽 끝으로 걸어가더니 애써 참아 온 눈물을 터트렸다. 아마도 아이의 씩씩한 모습에 안도하면서도 자신이 걱정할까 봐 아이가 힘든 내색을 감추는 건 아닌지 속상했을 것이다.

다시 병실로 돌아와 보니 간호사가 와 있었다. 아이는 간호사에게 자신도 곧 머리가 빠지는 거냐고 물었다. 그녀는 "머리가 빠질 수도 있는데 너는 그래도 멋있을 거야"라고 했고, 아이는 대답이 마음에 들었는지 씨익 웃었다. 그녀는 아이의 가슴에 달려 있는 주사 장치에 항암제를 투입시켰다. 아이는 긴장되는지 짧은 숨을 내뱉었지만 이내 씩씩한 표정을 되찾았다. 이제 4시간에 걸쳐서 항암제가 들어갈 텐데 아이가 어느 만큼 잘 받아들이고 버텨 낼지는 두고 볼 수밖에 없었다. 그때 옆 침대에 있던 세 살배기

환자가 걱정 가득한 얼굴로 말했다.

"형아, 주사 맞아도 안 아프지? 형아, 안 아프지?"

아직 발음도 또박또박 내지 못하는 어린아이가 누군가를 그렇게 걱정하고 위로하는 것을 보면서 나는 낮에 봤던 한 여자아이를 떠올렸다. 여섯 살쯤 되어 보이는 아이가 침대에 눕혀진 채 병실에서 나오고 있었다. 아이는 심장 판막 수술을 받기 위해 수술실로 이동하는 중이었다. 그런데 엄마가 눈물을 보이자 아이는 "엄마, 울어? 엄마, 왜 울어? 울지 마"라며 엄마를 달랬다. 아이는 수술실로 들어가는 순간까지 엄마에 대한 걱정뿐이었다.

소아암 병동의 한 간호사가 말했다. 아이들은 자신의 병에 대해 비관적이지 않다고, 그래서 오히려 "엄마, 울지 말아요. 저 잘할 수 있어요"라며 낙담하고 있는 부모를 위로한다고. 그 모습을 보며 간호사인 자신도 더 힘을 내어 치료하게 된다고.

가끔 인생에 갑작스러운 불운이 찾아올 때, 나는 '왜 나한테 이런 일이 일어난 거지', '내가 무슨 죄를 지었길래 이런 벌을 받는 거지'라며 세상을 원망하곤 했다. 그처럼 절망에 사로잡혀 몸부림칠 때면 다른 사람이 보이지 않았다. 내 감정에 매몰되어 다른 사람의 감정을 전혀 살피지 못한 것이다. 그래서일까, 소아암 병동에서 만난 아이들은 나에게 놀라움과 뭉클함을 동시에 안겨 주었다.

그 아이들이 처한 상황을 생각하면, 부모나 세상을 원망하고 슬퍼한다 해도 충분히 이해할 수 있었다. 암과 싸우는 것이 고통스럽다고 소리 지를 수도 있었다. 그런데 그들은 그러지 않았다. 오히려 누구보다 긍정적이었고 많이 웃었다. 자신의 병 앞에서 무너지기보다 주변 사람들을 더 살피고 걱정했다. 소아암 병동은 무겁고 침울할 것이라는 나의 생각은 편견에 불과했다. 우리도 아이였을 땐 그랬을까. 나이 들수록 너무 많은 것을 보고 겪으며 오히려 겁이 많아진 걸까. 그래서 섣부르게 두려움만 커져 다른 사람을 살필 여유를 잃어버린 걸까.

  불운이 닥쳤다고 누구나 세상을 원망하는 건 아니다. 그리고 예기치 못한 절망 속에서도 삶은 또 다른 얼굴을 드러낸다. 그 순간은 마치 돋보기를 들이댄 듯 곁에 있는 일상의 풍경을 선명하게 비춰 준다. 사랑하는 이의 미소, 청명한 여름 바다, 갓 지은 밥 냄새처럼 나를 살아가게 하는 것들은 오히려 더 또렷해진다. 그 힘에 기대어 사람은 고통 속에서도 여전히 사랑하고 지키며 나누는 존재가 될 수 있다. 나는 그 사실을 소아암 병동의 아이들을 취재하며 뒤늦게 깨달았다.

내 삶을 단 몇 줄로 요약해 본다면

'어떤 책과 만나는 것도 적절한 때와 시기가 있다'라는 생각이 들 때가 있다. 몇 년 전 빌 브라이슨의 《거의 모든 것의 역사》를 읽기 시작했지만 머릿속이 복잡해서인지 좀처럼 책장이 넘어가지 않아 포기했다.

그런데 얼마 전 책장에서 우연히 그 책을 발견하고는 반가운 마음에 책을 펼쳤다가 다음 문장에 빠져들었다.

"당신이 아주 오래전부터 적절한 진화의 길을 따라오게 된 것도 행운이었지만, 당신의 가정에서 태어날 수 있었던 것도 역시 기적이었다. 지구에 산이나 강이나 바다가 생기기도 훨씬 전이었던 38억 년 전부터, 당신의 친가와 외가의 선조들이 한 사람도 빠짐없이 모두 짝을 찾을 수 있을 정도로 매력적이었고, 자손을 낳을 수 있을 정도로 건강하게 오래 살 수 있었던 운명과 환경을 지니고 있었다는 사실은 정말 놀라운 일이다. 당신의 조상 중에서 어느 누구도 싸움이나 병으로 일찍 죽지도 않았고, 물에 빠지거나 굶거나 길을 잃고 헤매다가 죽어 버리지도 않았으며, 방탕에 빠지거나 아주 부상을 당하지도 않았고, 적절한 순간에 적절한 짝에게 아주 적은 양의 유전 물질을 전해 주어서 결국은 놀랍게도 아주 짧은 순간이기는 하지만 당신을 존재하도록 해 주는 유일한 유전 조합을 만드는 일까지도 외면하지 않았다."

책에 따르면 나라는 존재는 아주 우연히 원자들의 조합으로 만들어졌고, 그 원자들은 모두 상상도 못 할 만큼의 유구한 역사를 자랑한다고 한다. 놀랍지 않은가.

작가는 인간뿐만 아니라 우주의 탄생부터 현재에 이르기까지 우리가 알고 있는 모든 과학적 지식들을 과학자들이 어떻게 발견했는지를 추적한다. 그래서 책에는 셀 수 없이 많은 과학자들이 등장했다가 사라진다. 일평생 오직 연구에만 몰두하며 인생의 다른 가치를 돌보지 않은 과학자, 동료의 연구를 빼돌려 자신의 업적으로 만든 과학자, 너무 소심한 성격 때문에 인류의 미래를 바꿀 만한 대단한 발견을 하고도 발표하지 못한 과학자, 천재성을 발휘하여 뛰어난 업적을 세우고 세상 사람들에게도 그 공을 인정받은 과학자 등등…. 그리고 그들의 삶은 단 몇 줄로 정리되어 있었다.

1. 르 장티

금성이 태양 앞을 지나는 천문 현상을 관측하기 위해 인도에서 수년을 기다렸지만 번번이 실패했다. 장비를 싣고 귀국하던 길에는 이질로 쓰러져 1년을 누워 지내야 했고 배에 오를 즈음에는 폭풍에 휘말려 모든 것을 잃고 말았다. 고향으로 돌아갔을 때는 이미 그의 가족들이 사망 신고를 하고 재산을 나눈 뒤였다.

2. 리처드 노우드

지구의 크기를 알아내려는 시도를 했던 영국의 수학자였다. 1637년에 쓴 《선원실무》는 그가 죽은 뒤에도 25년간 계속 출판될 만큼 인기를 끌었다. 그러나 말년의 그는 비밀스러운 기호가 가득한 삼각함수 연구가 마귀와 교신했던 증거가 되어 처참하게 처형될 것이라는 두려움에 떨면서 살아야 했다.

3. 리처드 오언

'공룡'이라는 명칭을 만든 해부학자. 그러나 타인의 연구를 가로채 명성을 쌓았고 결국 동물학회와 왕립학회에서 축출되고 말았다.

4. 마리 퀴리

방사능을 연구하는 과정에서 폴로늄과 라듐이라는 새로운 원소를 찾아내 1903년 남편 피에르 퀴리와 함께 노벨 물리학상을 수상했다. 그러나 장기간의 방사능 노출로 인해 1934년 백혈병으로 생을 마감했다.

5. 알프레드 베게너

그는 대륙이동설을 처음 제안했지만 당시 지질학의 근본을 뒤흔드는 극단적인 의견으로 받아들여져 지질학자들과 대중에게 외면당했다. 주장을 증명하려 그린란드로 탐험을 떠났다가 실종되어 세상을 떠났다.

6. 애드먼드 핼리

그는 자신이 1682년 관측한 혜성이 1456년, 1531년, 1607년에 다른 사람들이 목격한 혜성과 동일하다고 주장했고, 1758년에 그 혜성이 다시 나타날 것이라 예측했다. 결국 그 예측은 사실로 밝혀졌지만 이미 그는 세상을 떠난 후였다. 그 뒤 그 혜성은 '핼리 혜성'으로 불리게 되었다.

7. 퍼시벌 로웰

그는 천왕성과 해왕성의 공전 궤도에 나타나는 불규칙성을 근거로 해왕성 너머에 아홉 번째 행성이 존재한다고 굳게 믿었다. 말년에는 그 행성을 찾기 위해 무척 애를 썼지만 1916년 갑작스러운 죽음을 맞으며 뜻을 이루지 못했다.

8. 헨리 캐번디시

그는 수소를 처음으로 분리해 냈고 에너지 보존의 법칙, 옴의 법칙 등을 예견했다. 그러나 병적인 수줍음 탓에 연구 결과 발표를 두려워했고, 결국 그의 많은 업적은 그가 죽은 후에서야 세상에 알려졌다.

단 몇 줄로 정리된 과학자들의 삶을 보면서 문득 생각했다. 만약 내 인생이 단 몇 줄로 요약된다면 나는 지금 그 문장 속 어디쯤 와 있을까? 나는 어떤 문장으로 기억될까?

어떤 이는 평생의 성취를 타인에게 빼앗기고, 어떤 이는 자신의 업적에 취한 채 고독하게 생을 마쳤다. 반면 위대한 발견을 하고도 그에 연연하지 않고 묵묵히 다음 연구로 나아간 이들도 있었다. 그들의 삶을 통해 나는 인생의 모순과 허무함 속에서도 결국 인간은 각자의 길 위에 무언가를 남긴다는 것을 알게 되었다.

그리고 그들의 삶을 보며 깨달았다. 살다 보면 어떤 일들은 내 의지나 노력과 무관하게 찾아오고 때로는 그것을 그저 받아들여야 한다는 것을…. 그런 불가항력을 나만 겪는 게 아니라는 사실이 큰 위로가 되었다. 결국 인생이란 선택의 연속이고, 때로는 그 선택이 나를 배신하더라도 내가 할 수 있는 건 담담히 받아들이고 나아가는 것뿐임을, 역사의 한 귀퉁이를 장식한 수많은 과학자들의 삶이 내게 가르쳐 준 것이다.

그래서 현명한 어른들이 인생은 끝까지 살아봐야 한다고 하는가 보다. 지금 당장은 앞서가는 것처럼 보이는 사람도 그가 앞으로 어떤 선택을 하느냐에 따라 인생의 결말이 다를 수 있음을 그들은 이미 알고 있는 것이다.

결혼 생활에서 가장 중요한 것

경남 하동군 술상리에 있는 술상마을은 가을 전어로 유명하다. 나는 2018년 '다큐 3일' 촬영차 전어잡이 배를 타게 되었다. 전어잡이 배는 흔히 생각하는 큰 배가 아니라 2~3명이 간신히 탈 수 있는 보트라서 보통 부부가 조업을 나서는 경우가 많았다. 촬영 첫날 새벽 3시, 항구에 나가 보니 30여 척의 전어 선단이 조업에 나설 채비를 하고 있었다. 야행성 어종인 전어는 먹이 활동을 새벽에 하기 때문에 어쩔 수 없이 그 시간에 움직일 수밖에 없었다.

나는 그중 한 부부의 배에 올라탔다. 그런데 배가 망망대해로 나아가는 짧지 않은 시간 동안 둘은 아무 말도 하지 않았다. 낯선 부부와 좁은 배 안에 있는 것도 쉽지 않은데 침묵이 계속되자 난처한 마음에 식은땀이 날 것만 같았다. 배를 다시 돌릴 수도 없고 배에서 내릴 수도 없는 상황에서 나는 어떻게든 대화를 이어 가 보려고 애를 썼다.

부부는 귀어 2년 차에 접어든 초보 어부들이었다. 그런데 하필이면 그날따라 전어가 잘 잡히지 않았다. 그물을 올릴 때마다 한두 마리 올라오는 게 전부였다. 남편은 아내가 하는 방식이 맘에 들지 않는 모양인지 퉁명스럽게 몇 마디 했다. 아내는 굳은 얼굴로 대꾸조차 하지 않았다. 그냥 상대를 말자는 표정으로 그물을 던지고 다시 끌어올리기를 반복할 뿐이었다. 그물 작업을 마치고 남편이 보트의 모터를 끄자, 아내는 준비해 온 토스트와 우유를 꺼내더니 남편에게 간식을 먹고 하자고 말했다.

이번에는 둘이 같이 있는 장면도 촬영하고, 공통 질문도 이어 갈 수 있겠다 싶었지만 예측은 늘 빗나가기 마련이었다. 남편이 토스트만 들고 배 앞쪽으로 가려고 했다. 그 좁은 배 안에서도 어떻게든 멀리 있으려는 부부를 보니 숨이 턱 막혀 왔다. 나는 조심스럽게 남편에게 다가가 원래 서로 대화가 별로 없느냐고 물었다.

그러자 그는 전어잡이가 익숙지 않다 보니 서로 서툴 수밖에 없지만 아내가 하고 있는 걸 보면 자꾸만 속이 터져서 "이거 해라, 저거 해라, 그건 잘못 하는 거다"라는 말을 하게 되었단다. 그런데 아내도 답답하고 속상한 마음에 "그럼 어떻게 하라는 소리냐"라며 화를 냈고 그러면 그게 또 말싸움으로 번졌다. 그래서 그는 이제 웬만하면 말을 하지 않는 게 제일 좋은 방법이라고 생각했고, 되도록 같이 있는 자리도 피한다고 했다.

그렇게 간식을 먹으며 대화를 이어 가고 있을 때 갑자기 비가 쏟아지기 시작했다. 지붕 하나 없는 작은 배 위에서 꼼짝없이 비를 맞겠다 싶었는데 부부가 나를 선장실 아래에 있는 피신처로 안내했다. 들어가 보니 넉넉히 3명은 앉을 수 있는 공간이었는데 남편은 들어오지 않고 밖에서 비를 맞고 있었다. 같이 있자고 권해 봤지만 소용없었다. 아마도 둘이 여유 있게 앉아 쉬라는 뜻인 것 같았다. 아내는 말없이 비를 맞고 있는 남편을 바라보았다. 안타깝고 속상해서 뭔가 말하고 싶지만 이내 포기하는 듯한 표정이었다. 그때 그런 생각이 들었다. 어쩌면 아내가 바라는 건 여유 있게 앉아 쉬는 게 아니라 좁게 붙어 앉더라도 남편이 비를 맞지 않는 것이 아닐까.

실제로 전어잡이를 끝내고 육지로 돌아와 각자 인터뷰를 해 보니 서로에 대한 애정이 없는 게 아니었다. 다만 상대가 원하는 방식이 아니라 자신의 방식만을 고집해서 서로 간 오해와 서운함이 쌓였고 그만큼 멀어진 것이었다. 가장 안타까웠던 것은 둘 다 말을 하면 또 싸우게 될까 봐 웬만하면 말을 하지 않는 쪽을 선택했다는 점이었다. 물론 그 선택으로 행복해진 사람은 아무도 없었다. 그날 하루 종일 무거운 침묵만이 흐르는 좁은 배 위에서 둘은 한 번도 웃지 않았고, 내 마음 또한 가시방석에 앉은 듯 불편하고 답답했다.

다음 날, 이번에는 다른 부부와 함께하게 되었다. 전날 하루 종일 마음이 힘들었던 탓일까. 벌써부터 그날 하루가 걱정이 되었다. 그런데 남편 쪽을 보자마자 피식 웃음이 났다. 작업용 셔츠를 입고 있는데 아래 단추를 덜 잠가 배가 볼록 튀어나와 있었기 때문이다. 눈치가 빠른 아내가 남편의 배를 톡톡 치며 얼른 잠그라고 하자 남편이 단추를 잠그며 아내에게 말했다.

"괜찮다. 너무 완벽해도 안 된다. 세상을 살아가면서 너무 완벽하면 상대가 없어."

아내는 남편의 너스레가 익숙한 듯 웃으며 조업 장비들을 정리했다. 잠시 뒤 남편은 노래를 흥얼거리며 "만선의 꿈을 안고 출동하는 중입니다"라고 크게 외쳤다. 시작부터 어제와는 판이하게 다른 분위기에 새벽 촬영을 준비하느라 쌓인 피곤함마저 가시는 듯했다. 그리고 역시나 그물 작업을 하는 내내 남편과 아내의 얼굴에서는 웃음이 떠나가질 않았다.

잠시 뒤 남편이 불쑥 나에게 휴대폰을 내밀며 자신들을 찍어 달라고 부탁했다. 다른 이가 배에 탄 게 처음이라 기념으로 사진을 남기고 싶다고 했다. 부부는 배 모퉁이에 나란히 앉더니 어깨에 다정히 팔을 두르고 활짝 웃었다. 내가 찍은 사진을 확인한 남편은 "사진 참 잘 나왔다"며 감탄하더니 아내가 오늘따라 더 예뻐 보인다고 했다. 아내는 남편에게 주책이라고 하면서도 싫지 않은 듯했다.

한참 그렇게 웃고 난 뒤 배에 걸터앉아 쉴 때였다. 남편이 이런 말을 꺼냈다. 마산에 번듯하게 아파트도 있고, 아내는 잠 푹 자고 동네 친구들과 카페에서 커피 마시고 수다 떨면서 그렇게 지낼 수도 있는데 이렇게 촌에 와서 새벽에 고기 잡는다고 자신을 도와주는 게 얼마나 고마운지 모른다고. 그래서 아내가 그물을 던지면 던지는 대로, 실수하면 실수하는 대로 그저 예뻐 보인다고 했다.

아내는 그런 말을 꺼냈다. 자신은 클 때 고생을 별로 안 했는데 남편은 참 고생을 많이 하며 자라서 가만히 옆에서 쳐다보고 있으면 안쓰럽다고. 사실 자신이 도와주긴 하지만 선장으로서 배를 책임지는 건 남편이고 기계가 고장 나도 혼자 고쳐야 하니까 힘든 게 얼마나 많겠냐고. 배를 안 탔으면 몰랐겠지만 같이 타 보니 '남편 혼자 참 힘들게 일했겠네' 하는 생각을 저절로 하게 된다고 했다.

그렇게 서로의 존재를 감사해하고 서로 깊게 이해하고 있으니 어떤 순간에도 웃을 수 있는 게 아닐까. 그들 덕분에 나도 그날 정말 많이 웃었다. 웃음소리는 파도 소리밖에 들리지 않는 망망대해에서 널리 퍼져 나갔다. 그때 갑자기 남편이 아내에게 '와, 저기 좀 봐'라고 하며 하늘을 가리켰다. 하늘을 쳐다보니 깜깜한 새벽 하늘에 별이 쏟아질 것처럼 가득했다. 살면서 망망대해 위 좁은 보트 위에서 그처럼 쏟아지는 별을 바라보게 될 일이 얼마나 있을까. 게다가 부부가 행복하게 웃으며 하늘을 바라보는데 그 모습이 너무 예뻐 보였다.

어제는 왜 이 빛나는 별들을 보지 못했을까. 분명 어제도 날이 맑았으니 별들은 빛나고 있었을 텐데 왜 하늘을 올려다볼 생각을 못 했을까. 나는 마치 극과 극을 체험하듯 망망대해 위 침묵만이 가득했던 하루와 웃음이 가득했던 하루를 경험하며 깨닫게 되었다. 내 곁에 있는 사람을 당연시하지 않고, 함께 있어 주는 것에 대한 고마움을 시시때때로 표현할 줄 알아야 일상의 소중한 순간을 놓치지 않을 수 있다는 것을….

어떤 마음이든, 그 마음을 말로 표현하지 않으면 서서히 멀어질 수밖에 없고, 그 틈은 어느 순간 결국 불행의 얼굴로 우리에게 다가온다. 부부와 가족의 정서적 유대 회복을 연구한 심리 치료 전문가 수 존슨 박사는 말했다. 싸우기 싫어 대화를 회피하면 그 사이는 더 멀어질 수밖에 없다고, 부부 관계의 가장 중요한 기술은 상처받은 마음으로도 서로에게 말을 거는 일이라고.

어쩌면 결혼 생활은 두 사람이 끊임없이 대화를 통해 다시 연결되는 여정일지도 모른다. 그렇다면 대화가 잘 통하는 것이 무엇보다 중요한 게 아닐까. 문득 장항준 영화감독의 말이 떠올랐다.

"부부란 결국에는 중요한 것이 같아야 된다고 생각을 하는 게, 웃는 포인트나, 분노하거나 슬픈 포인트가 같아야 돼요. 굉장히 중요한 문제라고 생각해요. 웃는 포인트가 같으면 일상이 즐겁고, 울거나 분노하는 포인트가 같으면 세계관이나 이데올로기가 같은 궤를 갖고 있다는 뜻이 되거든요."

그럼에도 타인에게 따뜻하고 다정할 것

 믿었던 동료에게 배신을 당한 적이 있다. 그가 나를 배신할 거라고 한 번도 생각해 본 적이 없었기에 충격은 컸고 그만큼 상처는 쓰라렸다. 먹고사는 일이 우선이 되면 그럴 수도 있다고 이해해 보려 했지만 그게 맘처럼 되지 않았다. 그저 화가 나고 속상하고 서러웠다.

 그러던 어느 날 남자 친구와 길을 걷다가 그가 실수로 내 어깨를 툭 하고 쳤다. 분명 실수라는 걸 알고 있었지만 마음은 그렇지 않았나 보다. 울컥 눈물이 쏟아졌고 마음과는 다른 말도 터져 나왔다.

 "나한테 왜 그래요?"

내가 왜 이러는지 모르겠고 그가 얼마나 당황스러울지 짐작은 되었지만 이상하게 눈물이 멈추지 않았다. 그가 "내가 잘못한 건 맞는데 실수잖아, 이게 그렇게 울 일이야?"라고 하면 나는 반박할 말이 없었다. 그런데 그때 그가 나를 가만히 안아 주며 말했다.

"많이 힘들었구나. 힘든 일 겪고 있는데 나까지 그랬으니 정말 속상했겠다."

그 말이 얼마나 위로가 되었는지 모른다. 억눌러 두어 나조차 몰랐던 감정을 누군가 알아보고 어루만져 주는 것은 정말 큰 위안이었다. 그리고 그렇게 내 마음을 알아주는 사람이 있었기에 또 한 시절을 잘 넘길 수 있었다.

포장마차 안, 20대 초반으로 보이는 사람들 사이에 셔츠에 넥타이까지 단정히 맨 청년이 보였다. 청년은 그 집 단골인지 냉장고에서 술도 알아서 꺼내 마셨다.

"이모, 늘 먹는 거요."

포장마차 사장은 알겠다더니 케첩이 지그재그 뿌려진 두툼한 계란말이를 내왔다.

청년은 어릴 때부터 어머니와 단둘이 살았다. 그런데 그가 고등학교 1학년 때 암 판정을 받은 어머니는 고등학교를 졸업할 무렵 세상을 떠나고 말았다. 혼자 남겨진 그는 대학교 근처에 혼자 살고 있었는데, 그가 포장마차에 오는 이유는 사장이 건네는 다정한 말 때문이었다.

"그럴수록 더 마음 독하게 먹어야 돼. 더 열심히 하고 네가 잘해야 한다."

그날도 청년이 일어나려고 하자 사장은 어김없이 그 말을 건넸다. 그리고 문 앞까지 나와서 손을 흔들며 청년을 배웅했다. 사장은 나에게 청년이 평소에는 힘든 내색을 보이지 않다가 술 한잔 걸치면 얼굴이 붉어지면서 마음 아픈 이야기를 꺼내는 게 참 안쓰럽다고 했다.

그런데 사실 사장도 얼마 전 인생에 큰 변화가 찾아왔다. 남편 사업이 부도로 무너지면서 평생 전업주부로 살던 그녀가 포장마차 일을 시작하게 된 것이다. 처음 해 보는 일이라 아직 서툴고 때론 서글프지만 그럴수록 더 독해져야지 마음먹으며 하루하루 버티고 있다고 했다. 사장이 청년에게 한 말은 스스로 하루를 버텨 내기 위해 필요한 말이기도 했던 것이다.

그들이라고 도망치고 싶지 않았을까. 하지만 그들은 도망치지 않았다. 청년과 포장마차 사장은 서로에게 다정한 말을 건네며 묵묵히 또 하루를 살아 내고 있었다.

사람 때문에 지치고 힘든 날이 있다. 그럴 때면 역시 사람을 믿는 게 아니었다고 생각하며 마음의 문을 굳게 닫아 버리게 된다. 하지만 그 결심은 늘 오래가지 않았다. 왜냐하면 친구가 "야, 너 괜찮아? 그 인간 내가 대신 혼내 줄까?"라며 나보다 더 흥분하는 모습을 보면, 내가 우울해하고 있는데 오빠가 아무것도 모르는 척 맛있는 거 먹으러 가자고 하면, 후배가 머뭇대다가 조심스럽게 "괜찮으세요?"라고 물으면 타인에게 아무것도 기대하지 말자며 걸어 둔 마음의 빗장이 어느새 스르르 풀려 버렸기 때문이다.

생각해 보면 늘 그랬다. 분명 사람 때문에 힘들고 상처받았는데, 그 상처를 위로해 주고 다시 살아갈 힘을 준 것도 결국 사람이었다. 그래서 나는 생각한다. 아무리 지쳐도, 또다시 누군가 나를 배신한다 해도 타인에 대한 따뜻하고 다정한 태도를 버리지 말자고. 그게 옳다고.

'또'라는 말부터 멈추어야 한다

얼마 전, 친한 방송 PD와 만났을 때였다. 최근 기획 중인 프로그램에 대해 말하던 중 그가 마음이 너무 무겁다고 했다. 이태원 참사 유가족인 이성환 씨에 대한 이야기였다.

2022년 10월 29일 이태원에서 열린 핼러윈 축제 중 수많은 인파가 몰리며 압사 사고가 발생했다. 그로 인해 한순간에 159명이 사망하고 195명이 부상을 당했다. 이성환 씨의 딸인 이상은 씨는 스물다섯 살로 2년 6개월간의 고단한 공부 끝에 미국 공인회계사 시험에 합격한 뒤 발레, 독서 모임 등 미뤄 둔 버킷리스트를 하나씩 실행해 나가고 있었다. 그런데 2022년 10월 29일 친구와 함께 이태원에 갔다가 미처 지우지 못한 버킷리스트를 남긴 채 세상을 떠나고 말았다.

아버지인 이성환 씨는 그날 용산경찰서로부터 전화를 한 통 받았다. 이태원 참사 현장에서 딸의 휴대폰을 주웠다는 전화였다. 그때부터 그와 아내에겐 지옥이 시작되었다. 딸에게 아무 일도 없게 해 달라고 애원했지만 끝내 딸은 살아 돌아오지 못했다. 딸이 떠난 뒤 부모인 그들의 세상은 더 이상 그 전과 같을 수 없었다.

"어느 책에서 봤는데 원상회복이 되지 않는 상태를 '참사'라고 한다고 해요. 일상으로 돌아간다는 건 없는 것 같아요. 지금 저희에게 주어진 것들을 해내는 것, 그게 새로운 일상이 된 거죠."

사람들은 그에게 슬픔과 아픔을 극복하고 살아가라고 말하지만 그는 알고 있다. 극복하는 것이 아니라 평생 견디며 살아가야 한다는 것을 말이다. 딸의 죽음 이후 그는 참사 유가족으로서 목소리를 내고, 추모 행사와 집회에 참여하고, 다른 유가족들과 연대하는 일상을 살고 있다. 이태원 참사에 대한 진상 규명과 책임자 처벌이 아직까지도 완료되지 않았기 때문이다. 물론 그런다고 딸이 살아 돌아오는 것은 아니지만 다시는 이런 비극이 반복되지 않게 하기 위해서 그는 열심히 목소리를 높이고 있다.

한편 그는 아내와 함께 딸이 살고자 했던 삶을 대신 이뤄 주고 싶다는 생각을 하게 되었다. 딸이 남기고 간 버킷리스트를 대신 시작하게 된 이유다. 우선 부부는 딸이 여의도 금융가에서 일하고 싶어 했던 것을 떠올렸다. 딸이 여의도에서 일했다면 바라봤을 풍경을 보게 해 주자. 그들은 여의도가 한눈에 내려다보이는 작은 산사를 찾아 딸의 위패를 만들었다. 매주 주말, 부부는 딸을 만나러 간다. 초에 불을 붙이고 절을 한 후 조용히 딸의 이름을 부르며 일주일 동안 있었던 일들을 털어놓는다. 그리고 다시 다짐한다.

'엄마, 아빠가 부끄럽지 않게 너에게 갈게.'

또 무신론자였던 부부는 작년 4월부터 성당에 다니고 있다. 명동성당에서 결혼하고 싶다는 계획을 갖고 세례를 받기 위해 교리 수업을 듣던 중 딸이 사고를 당했다. 딸이 없는 지금 부부는 대신 교리 수업을 받으며 딸이 알고 싶었던 것들, 살고 싶었던 미래를 더 이해하려고 노력 중이다. 그처럼 부부는 딸의 삶을 대신 살며 타들어 갈 것 같은 그리움을 버텨 내고 있다. 기타노 다케시의 《죽기 위해 사는 법》에는 이런 글이 있다.

"5천 명이 죽었다는 것을 '5천 명이 죽은 하나의 사건'이라고 한데 묶어 말하는 것은 모독이다. 그게 아니라 '한 사람이 죽은 사건이 5천 건 일어났다'가 맞다."

그런데 우리는 세월호, 이태원, 최근 무안공항 참사까지 이어진 끔찍한 참사 앞에서 '또'라는 말을 쉽게 붙여 버린다. 참사가 또 일어났네, 저번 참사보다는 그래도 덜 비극적이네 하면서 말이다. '또'라는 말 속에 얼마나 많은 사람들이 해결되지 않는 고통으로 괴로워하고 있을지, 얼마나 많은 사람들이 무력감과 패배감을 느끼고 있을지 생각하게 된다.

이태원 참사 2주기 추모 미사에서 이성환 씨는 말했다.

"159명의 이름이 아픔으로만 남지 않고 어둠을 걷어 내는 빛과 희망의 이름으로 남기를 기도한다."

그 바람이 가능할까. 나는 다만 《눈먼 자들의 국가》 속 김연수 작가의 글을 읽으며, 왜 우리가 고통스럽고 슬픈 과거를 계속해서 기억하고 배우며 살아야 하는지 다시 깨달으며 서늘한 반성을 할 수밖에 없었다.

"인간은 저절로 나아지며, 시간이 흐른다는 이유만으로 역사는 진보한다고 우리가 착각하는 한, 점점 나빠지는 이 세계를 만든 범인은 우리 자신일 수밖에 없다."

바다가 나에게 알려 준 삶의 비밀

전남 진도군 관매도 선착장에서 바다로 나가는 한 어부를 만난 적이 있다. 그가 고기 잡는 모습을 지켜보던 나는 그에게 인터뷰를 청했다. 소리가 잘 들리지 않아 "엔진을 잠시 꺼도 괜찮을까요?"라고 물었더니 그가 밝게 웃으며 고개를 끄덕였다.

시끄러운 엔진 소리가 꺼지자 비로소 바다가 품고 있던 고요한 얼굴이 드러났다. 배에 걸터앉아 찰랑이는 물결을 느끼며 저 멀리 보이는 관매도를 바라봤다. 어부는 늘 이렇게 자신의 고향을 마주했겠구나 싶었다.

"제가 어릴 적엔 관매도가 참 살기 어려운 섬이었어요. 그땐 육지로 나가려면 배로 6시간 넘게 가야 했죠. 그래서 섬 안에서 모든 걸 해결해야 했고 자연스럽게 공동 어업이 발달했습니다. 한 집도 빠짐없이 모두 어업에 참여하고, 그 결과물을 공동으로 나누는 거죠. 사람들 사이가 좋아서라기보다 인력 자체가 귀하니까요. 나 혼자 잘 살기보다는 내가 가진 걸 서로 나누는 것이 섬사람들의 방식입니다. 같이 살아남는 게 먼저니까요."

나는 그의 말을 들으며 바다를 통해 배운 것들이 또 뭐가 있는지 궁금해졌다.

"관매도 바다는 정말 어려워요. 내해와 외해의 차이가 크고, 계절마다, 심지어 시간마다 조류가 확확 바뀌거든요. 거기다 바람이 많이 불어서 배를 조종할 때 진짜 애를 먹죠. 난이도로 치면 그야말로 하이클래스예요. 그래서 누구한테 배울 수 있는 게 아니고 경험으로 터득할 수밖에 없어요. '지금은 어떤 조류고, 곧 있으면 바뀌니 이렇게 움직이자'는 판단을 수없는 시행착오 끝에 하게 되는 거죠. 저도 파도에 휘말려 그물을 통째로 잘라야 했던 적도 있고, 갑자기 바람 방향이 바뀌어 집으로 돌아가는 길에 죽을 뻔한 적도 있어요. 아직도 모르는 게 많습니다. 그런데 있잖아요. 그렇게 조류가 험한 곳에서 잡은 고기 맛이 정말 끝내줘요. 그렇게 어려운 여건을 이겨 낸 사람에게 마치 자연이 상이라도 주는 것처럼 말이죠."

그는 미역과 톳을 캐는 일도 마찬가지라고 했다. 잔잔한 바위에서 자란 미역보다 거센 파도와 부딪히며 자란 미역이 훨씬 더 맛있다고 한다. 그래서 섬 할머니들이 줄 하나에 몸을 맡긴 채 그

거친 파도 속으로 들어가는 거라고.

"섬사람들은 억센 자연 앞에서도 기꺼이 몸을 던져요. 고되지만 그 끝에는 얻는 게 있으니까요."

인터뷰는 30분 남짓이었지만 나는 그 짧은 시간 동안 철학책 한 권을 읽은 것만 같았고 그 책은 이렇게 말하는 듯했다. 맛있는 고기와 미역, 톳을 먹고 싶다면 고통 앞에 기꺼이 몸을 던져야 한다고. 그렇게 몸을 던지지 않으면 조류가 험한 곳에서 잡은 고기 맛과 거센 파도에 부딪히며 자란 미역 맛을 영영 모르게 된다고. 작가인 헤르만 헤세도 비슷한 말을 한 적이 있다. "고통은 곧 우리의 삶이 되며, 기쁨이라는 감정과 삶에서 느끼는 고귀한 가치는 오직 그 고통스러운 과정을 통해서만 체험할 수 있다"라고.

그럼에도 나는 여전히 삶에 고통과 고난이 찾아오는 것이 두려웠다. 고통이 없는 삶은 없다는 걸 알면서도 고통이 없기를 바랐고 고통이 찾아오면 빨리 지나가기만을 바랐다. 맛있는 고기 맛을 몰라도 좋고, 삶의 기쁨을 몰라도 좋다고 생각하면서 말이다. 하지만 살다 보니 하나의 고통이 지나가면 또 다른 고통이 나를 기다리고 있음을, 누구나 크고 작은 고통 속에서 살아가고 있음을 알게 되었다.

작년의 일이다. 엄마가 항암 치료를 마치고 나자 의사가 4개월 뒤에 CT를 찍고 재발 여부를 판단해 보자고 했다. 그 이후 4개월 동안 할 수 있는 건 엄마를 살리기 위해 최선을 다하는 것이었다. 나는 회복에 좋다는 음식을 찾아 엄마와 함께 요리해 먹고, 엄마가 건강한 생활 습관을 유지할 수 있도록 돕고, 약도 꼬박꼬박 챙겨 드시게 했다.

4개월 뒤 처음으로 성적표를 받아 보던 날이었다. 차례가 오기를 기다리며 엄마와 함께 진료실 앞에 앉아 있는데 같이 기다리는 사람들이 생각보다 많았다. 세상에는 아픈 사람들이 왜 이렇게 많은 걸까. 엄마의 이름이 불리기 전까지 수만 가지 생각과 감정이 오고 갔다. 결과가 좋아야 할 텐데 안 좋은 결과가 나오면 어떡하나 두려웠고, 지난 4개월 동안 있었던 일들이 스치듯 지나갔다. 잠시 후 마치 정신을 차리라는 듯 간호사가 엄마의 이름을 외쳤다. 그리고 드디어 의사가 말했다.

"아주 좋습니다. 잘하고 계시네요. 모든 수치가 정상입니다. 앞으로 4개월 뒤에 봅시다."

그 순간 안도의 한숨이 터져 나왔다. 다시 생의 여정을 새로 시작하는 듯한 기분이었다. 모든 것이 0으로 세팅되고 새로운 삶이 시작되는 4개월. 그 시간을 어떻게 보내느냐에 따라 다시 4개월을 얻을 수도 있고, 그렇지 못할 수도 있다. 그러자 소소한 일상의 모든 것이 새롭고 귀하게 다가왔다. 그 어느 것도 당연하지 않음을 깨닫고 그 시간을 알차게 보내기 위해 애쓰게 된 것이다. 그렇다면 과연 이 시간을 불행이라고만 여길 수 있을까. 게다가 지나고 나면 하루하루 성실하게 지내 온 시간들이 뿌듯하게 느껴졌다. 그래서 깨닫게 되었다. 고통은 지나가지만 고통을 이겨 낸 힘은 내 안에 고스란히 남는다는 것을.

정재승 카이스트 교수가 말했다. 어른이 된다는 건 내 마음대로 사람을, 세상을 통제할 수 없다는 것을 무기력감 없이 받아들이는 과정이라고. 만약 그 말이 맞다면 나는 지금 무기력감 없이 고통을 받아들이고, 고통의 한가운데를 통과하는 법을 배우고 있다. 그렇다, 나는 지금 어른이 되어 가는 중이다.

말하지 않으면 아무것도 바뀌지 않지만

'조이'라는 이름을 들어 본 적이 있는지. 조이는 2020년 우리나라 최초로 국회 본회의장에 발을 디딘, 시각 장애인을 돕는 안내견의 이름이다. 지금은 안내견이 국회를 마음대로 드나들 수 있지만 이전까지는 '의원은 본회의 또는 위원회의 회의장에 회의 진행에 방해가 되는 물건이나 음식물을 반입해서는 안 된다'는 국회법 148조 때문에 국회에 들어갈 수 없었다. 조이는 진행에 방해가 되는 물건에 포함되었던 것이다.

조이처럼 안내견이 되기 위해서는 수많은 사람들의 정성과 노력이 필요하다. 일단 생후 7주가 되면 예비 안내견으로 일반 가정집에서 1년간 사회화 훈련을 거치게 된다. 안내견이 됐을 때 모든 상황에 익숙하게 대처하기 위한 기초 생활 교육을 받는 셈이다. 그 후 안내견 학교로 들어가 7~8개월 정도 전문 훈련을 받은 뒤, 총 3번의 시험을 통과해야 한다. 최종 합격률은 30퍼센트로, 생각보다 높지 않다.

이 중에서 예비 안내견을 1년간 키우며 사회화 훈련을 담당하는 자원봉사자를 퍼피워커(Puppy Walker)라고 하며, 그들의 활동을 퍼피워킹(Puppy Walking)이라고 부른다.

반려견을 키워 본 사람들은 알겠지만 천방지축인 새끼 강아지에게 배변 훈련을 시키고, 산책 예절을 가르치고, 기본 명령어인 '앉아', '엎드려', '기다려' 등을 가르치는 것만 해도 쉬운 일이 아니다. 더구나 강아지를 안내견으로 키워 내려면 그런 기본 훈련 외에도 사회성 훈련을 따로 시켜야 한다. 다양한 사람들과 어울리는 경험을 통해 낯선 사람과의 접촉에도 놀라지 않게 만들어야 함은 물론이고 공원, 지하철, 마트 등 다양한 장소에 데려가 낯선 환경과 돌발적인 움직임, 각종 소리에 적응하고 긴장하지 않게 만드는 훈련도 시켜야 하는 것이다.

"시각 장애인들은 주로 어디에 갈까?"

"어떻게 이동하고, 어디에서 어려움을 느낄까?"

그처럼 퍼피워커들은 강아지와 함께 지내는 1년 동안 시각 장애인의 삶을 상상하고, 대신 살아 보며 그들의 불편을 자신의 일처럼 고민한다.

몇 년 전 나는 안내견 분양식 현장을 취재한 적이 있다. 안내견을 분양받는 시각 장애인 가족들은 퍼피워커들에게 연신 고마움을 전했고, 퍼피워커들은 정든 강아지를 떠나보내는 슬픔을 애써 감추며 밝은 웃음을 지어 보였다. 그런데 그중 한 명이 끝내 울음을 터트리고 말았다. 마음을 단단히 먹었는데도 막상 강아지와 이별하는 순간이 다가오니 슬픔을 주체할 수가 없었던 것이다. 나는 그녀가 다시는 퍼피워킹을 하지 않을 수도 있겠다고 생각했다.

하지만 놀랍게도 그녀는 자신이 키운 강아지가 안내견이 되어 시각 장애인의 불편을 덜어 주고, 그에게 여러모로 도움이 된다면 보람찰 것 같다며 기회가 된다면 다시 퍼피워킹을 해 보고 싶다고 했다. 그래서 퍼피워킹을 하며 가장 힘들었던 건 뭐냐고 묻자 그녀는 말했다. 반복되는 출입 거부와 사람들의 따가운 시선, 무심코 뱉는 말들을 견디는 게 생각보다 쉽지 않았다고.

퍼피워커는 강아지를 훈련시킬 때 장애인 보조견 표지가 부착된 옷을 입히는데 그 경우 사람이 다니는 곳은 어디든 갈 수 있다. 그러나 "여기 개를 데리고 오면 어떡하냐?"며 화를 내는 마트 점원, 다른 사람들이 불편해하니까 나가 달라는 식당 주인, 털이 날린다며 잠깐 밖에 묶어 두면 안 되겠냐는 카페 아르바이트생, 강아지를 보자마자 승차를 거부하는 버스 기사 등 각종 이유로 그녀는 출입을 거부당하고 들어갔다가도 금세 쫓겨나기 일쑤였다. 예비 안내견을 훈련시키고 있으니 출입하게 해 달라고 얘기하면 "왜 하필 사람들이 많은 지금 이 시간에 개를 데리고 돌아다니냐", "훈련은 사람 없을 때 하면 안 되냐"라는 말을 들을 때도 있었다. 시각 장애인은 안내견이 있어야 외출이 가능한데, 그럼 그들은 사람이 없을 때만 외출해야 하는 걸까.

시각 장애인에게 도움이 되고자 좋은 마음으로 시작한 일인데 막상 그런 일을 계속 당하다 보니 회의감이 들기도 했다. 하지만 나중에 시각 장애인이 안내견과 함께 다니는데 그런 일을 당한다고 생각하면 마음이 아파 도저히 그냥 있을 수가 없었다.

그래서 그녀는 기꺼이 싸우기로 마음먹었다. 개를 훈련시키러 나가기 전에 미리 상대방이 '개는 안 된다'고 말하면 어떤 말을 할지 생각해 두고, 그냥 조용히 물러서는 대신 단호하게 행동하기로 마음먹은 것이다. 그녀는 출입 거부를 당한 카페와 식당에 다시 가서 안내견 훈련 중이라고 설명한 뒤 당당하게 들어갔다. 그리고 강아지는 안 된다며 출입 거부를 한 도서관엔 고민 끝에 게시판에 글을 남겼고 며칠 뒤 사과와 함께 '직원은 재교육을 시키겠다'는 답변을 받아 냈다. 그렇게 하나둘 갈 수 있는 곳이 많아지자 뛸 듯이 기뻤다.

"아마도 제 일이었으면 그냥 참고 말자 그랬을지도 몰라요. 그런데 시각 장애인들이 안내견과 함께 다닐 때 그런 일을 겪게 하고 싶지는 않았어요. 그래서 용기를 낼 수 있었어요."

처음부터 싸움꾼이 되고 싶은 사람이 어디 있을까. 하지만 그녀는 퍼피워커가 되어 시각 장애인의 삶을 간접적으로 살아 보며 이전에는 미처 몰랐던 '불편함'을 마주하게 되었다. 자신이 평소 누리던 일상이 누군가에겐 결코 누릴 수 없는 일상임을 깨닫게 된 것이다. 그래서 그녀는 용기를 낼 수 있었다. 안내견이 어디든 자유롭게 갈 수 있는 세상을 만드는 것이 시각 장애인에게 얼마나 큰 힘이 될지를 알기 때문이다.

그녀는 끝으로 이렇게 말을 맺었다. 아직도 퍼피워킹에 대해 잘 모르는 사람이 많아서 출입 거부를 당하는 일이 많다고, 그렇지만 자신은 더 이상 기죽지 않는다고. 말하지 않으면 아무것도 바뀌지 않지만, 말하면 아주 조금씩이라도 바뀌는 게 있으니까 또다시 힘을 내게 된다고.

그녀의 말을 들으며 국회를 마음대로 드나드는 조이를 떠올렸다. 조이가 그렇게 국회를 돌아다니기까지 얼마나 많은 사람들의 수고와 노력이 있었을까. 그러고 보면 세상에 당연한 것은 아무것도 없을지도 모른다.

* 조이는 2024년 11월 자신의 임무를 마치고 은퇴했으며, 지금은 '태백이'가 그 임무를 이어받아 활동 중이다.

그가 손님이 없어도
밤 10시까지 가게 불을 켜 두는 이유

촬영차 작은 섬에 들렀을 때였다. 다년간의 경험으로 편의점이나 마트가 없을 것은 예상했지만 상점 하나 보이지 않았다. 마을을 몇 바퀴나 돌았을까. 낡은 샤시 문에 '송림슈퍼'라고 적혀 있는 가게가 보였다. 뿌연 유리문 너머 철제 선반에 드문드문 모기약과 휴지, 컵라면, 새우 과자가 놓여 있었다. 영업을 하지 않는 건가 싶어 조심스레 문을 열고 "사장님" 하고 불렀다.

잠시 후 가게 저 안쪽 방문이 열리며 러닝셔츠 차림의 할아버지가 나왔다. 서울에서 왔는데 섬에 있는 유일한 가게 같아서 궁금해 들어왔다고 말하니 할아버지가 활짝 웃었다. 가까이서 보니 어릴 적부터 보아 온 KFC 할아버지를 떠올리게 하는 정겨운 인상이었다.

파는 물건이 너무 없다고 생각했는데 할아버지는 가게 구석에 있는 서랍에서 오래된 물건들을 꺼내 보여 주었다. 지금은 나오지 않는 빙초산, 옷핀, 빨래집게, 파리채, 머리에 꽂는 비녀까지 적어도 몇십 년의 세월을 품은 듯 보이는 물건들이었다.

"예전엔 없는 게 없었어. 쌀, 속옷, 장화, 문구류까지 여기가 섬의 백화점이었지. 어머니가 작은 배로 옆 섬에 가서 물건을 가져와 팔았거든."

가게는 원래 할아버지의 어머니가 평생 운영해 온 슈퍼였다. 여든이 넘은 어머니가 요양원에 가게 되자 서울에서 건설업을 하던 자신이 가게를 이어받게 된 것이었다.

사실 요즘은 하루 종일 문을 열고 있어도 물건 하나 팔리지 않는 날이 더 많다. 그럼에도 할아버지는 매일 아침 7시면 문을 열고 마을이 잠드는 저녁 10시까지 불을 켜 둔다.

"혹시라도 마을 사람들이나 여행객이 급히 뭔가 필요할 때 나까지 자 버리면 물건을 살 데가 없잖아. 손님이 있든 없든 불은 켜놔야지."

섬을 떠나는 날, 배를 타려면 한 시간쯤 남아 있었고 배가 고팠다. 뭐 좀 먹었으면 좋겠다 생각한 순간 문득 슈퍼가 떠올랐다. 얼른 컵라면 하나 먹고 가야지 싶어 슈퍼로 갔더니, 할아버지가 가게 안에 있는 작은 테이블로 나를 안내했다. 그는 냉장고에서 김치통을 꺼내 와 그 안에 있는 포기 김치를 가위로 자르며 말했다.
"이 먼 곳까지 왔는데 대충 먹으면 안 되지. 이 김치는 마을에서 제일 김치를 잘 담그는 할머니 거야. 정말 맛있어."

할아버지는 그에 그치지 않고 양파절임, 깻잎무침, 조금 남아 있던 병어회까지, 있는 반찬을 다 꺼내 주었다. 나는 이러지 마시라고, 이렇게 다 내어 주고 나면 나중에 식사하실 때 어떻게 하느냐고 말렸지만 소용없었다. 나는 그렇게 갑작스레 들른 슈퍼에서 라면에 공기밥과 따뜻한 집 반찬까지 든든히 먹게 되었다. 컵라면 하나 값보다 더 드리고 가야겠다 생각하고 있는데 할아버지가 고개를 저으며 말했다.

"혹시라도 돈 낼 생각 말어. 그냥 섬에 있는 할아버지의 마음이다 생각하면 돼."

하루에 물건 하나 파는 것도 쉽지 않은데 찾아온 손님에게 반찬까지 그냥 내어 주는 그 마음이 너무 따뜻하고 감사해서 잠시 할 말을 잃었다. 나는 할아버지에게 낯선 이방인일 뿐인데, 이제 가면 언제 다시 볼지 모르는데, 왜 이렇게 대접해 주는 걸까. 누구나 마을 사람들을 위해, 여행객을 위해 밤늦게까지 불을 켜 두지 않는다. 아니 웬만한 사람은 그처럼 돈 안 되는 일을 굳이 하려고 하지 않는다.

우리는 낯선 이가 찾아오면 나한테 해를 끼치지 않을까 경계부터 하고, 해외여행을 갈 때는 도둑놈과 사기꾼을 조심하라는 말부터 하는 세상에 살고 있다. "나는 당신이 누구인지 모른다. 그러나 당신이 여기 있다는 이유만으로 나는 환영한다"라는 환대의 말은 사라진 지 오래다. 그러나 나는 낯선 섬에서 진정한 의미의 환대를 경험했다. 환대는 너무 따뜻했고, 마음 깊이 받아들여진 듯한 느낌이 참 좋았다.

나도 만나게 된 누군가에게 마음의 빗장을 걸어 잠그고 경계하는 대신, 할아버지처럼 마음을 활짝 열어 환대해 줄 수 있을까. 오늘도 밤늦도록 슈퍼를 밝히고 있을 불빛을 떠올려 본다. 깜깜한 밤, 낯선 여행객이 그 불빛을 보면 얼마나 반가울까. 그 불빛이 얼마나 고마울까.

신생아들이 내게 가르쳐 준 생명의 비밀

2013년 한 종합 병원의 신생아 중환자실을 취재한 적이 있었다. 신생아 중환자실은 태중에서 37주, 여덟 달 반을 채우지 못하고 서둘러 세상에 나온 아기들이 엄마의 자궁을 대신하여 인큐베이터 안에서 조금씩 커 가는 곳이다. 그래서 병원에서는 보통 환자를 치료한다고 말하는데, 신생아 중환자실에서는 아이를 키운다고 말한다.

그곳에는 당시 우리나라에서 가장 빨리 태어난 아기, 은혜가 있었다. 은혜는 엄마 배 속에서 21주 5일(5개월) 만에 체중 490그램으로 태어난 초극소 저체중 미숙아였다. 결혼한 지 13년 만에 시험관 시술로 가진 귀한 아이였지만 뭐가 그리 급했는지 40주에 한참 못 미쳐 세상에 나오고 말았다. 같이 태어난 쌍둥이 동생은 두 달 만에 세상을 떠났다. 그래서 은혜 엄마의 소원은 그저 아이가 건강하게 퇴원하는 것이었다.

세상에 나온 지 150일, 다행히 은혜는 무럭무럭 자라 이제 체중이 3.45킬로그램이 되었다. 졸린지 하품을 하는 모습만 봐도 엄마는 마냥 좋은지 짧은 면회 시간 내내 아기에게서 눈을 떼지 못했다. 엄마는 아기가 그저 대견하고 이 모든 것이 감사할 따름이라고 했다.

그도 그럴 것이 미숙아의 경우 하루에 보통 20~30그램씩 자란다. 평균 한 시간에 1그램씩 자라나는 것이다. 게다가 장기가 제대로 형성되어 있지 않고, 면역력이 약해 조금만 잘못해도 합병증 등의 위험에 노출되기 십상이다.

창가 인큐베이터 앞에 두 명의 의사가 서 있었다. 그들은 중대한 일을 앞두고 두 손을 모아 기도를 드리고 있었다. 기도를 마친 한 의사가 아기의 발목 쪽에 주사기를 조심스레 가져갔다. 혈관을 찾기 위해서였다. 손가락 마디보다 가는 아기의 발목에 놓기엔 주삿바늘이 너무 거대해 보였다. 잠시 뒤 무사히 아기의 혈관을 찾아 주사 놓기에 성공한 의사는 한숨을 내쉬었다. 어떨 때는 혈관 찾는 데만 두세 시간이 걸린 적도 있다면서 이 정도면 아주 양호하게 잘 끝난 거라고 했다. 주사 하나에도 이렇게 조심스러운데 다른 치료와 수술은 얼마나 어려울지 상상이 가지 않았다. 의사들은 매 순간 기도를 드리는 마음이라고 했다. 그만큼 신생아 중환자실은 24시간 쉬지 않고 긴박하게 돌아갔다.

부모들의 면회 시간도 끝나고 의료진만 남은 새벽 시간, 조용했던 중환자실에 별안간 경고음이 울렸다. 창가 쪽 인큐베이터에 연결된 바이탈모니터에서 나는 경고음이었다. 다급하게 뛰어간 의사는 모니터를 확인하곤 "산소 연결해 주세요", "엑스레이 불러 주세요"라고 외쳤다. 아기의 심장 박동이 71, 63, 71을 오가며 심하게 불안정했다. 다행히 의료진의 발 빠른 대처 덕분인지 아기의 심장 박동은 조금씩 올라가 142에 이르렀다. 응급 상황이 끝나자 주치의가 중환자실 한구석으로 가더니 눈물을 터트렸다. 며칠째 아기의 상태가 좋지 않아 마음을 졸이고 있었는데 기어이 일이 터지고 말았기 때문이다.

하지만 주치의는 다시 마음을 다잡고 아이 앞에 앉았다. 그리고 위험한 고비는 넘겼지만 아직도 힘없이 축 처져 있는 아기를 계속 바라봤다. 나는 그 순간 주치의의 눈빛을 잊을 수가 없다. 많이 아프겠지만 조금만 더 버텨 달라고 말하는 그 간절한 눈빛을 말이다.

그 옆에서는 간호사가 우유를 만들고 있었다. 25주에 태어난 미숙아가 인큐베이터에서 자란 지 두 달 만에 처음으로 우유 먹는 연습을 하는 특별한 날이었기 때문이다. 늘 호스로 영양분을 공급받는 것에 익숙한 아기의 입에 젖병 꼭지를 갖다 대자, 아기는 입술에 뭔가 닿은 감촉이 어색한지 미간을 찡그렸다.

간호사는 젖병을 떼지 않고 아기가 새로운 촉감에 익숙해질 때까지 기다렸다. 잠시 뒤 아기는 입술로 젖병을 물고 우유를 먹기 시작했다. 아기의 작은 도약을 축하하며 간호사는 노트를 꺼내 오전에 적은 글을 보여 줬다.

"안녕, 우리 아기는 호흡기를 뗐는데도 숨을 잘 쉬고 있구나. 어제부터 떼고 있었는데 아직까지는 잘 버티고 있네. 계속 이렇게 쭉 가자. 오늘부터는 입으로 먹는 연습도 해 볼까 해. 우리 아기는 잘해 낼 거라 믿어. 파이팅! 선생님들이 항상 응원할게."

노트에는 매일 20~30그램씩 자라며 아기가 지금껏 이뤄 온 기적들이 세세하게 적혀 있었다. 세포 하나를 시작으로 몸속 기관을 하나하나 완성해 온 기록들을 보며 인간의 탄생에 대해 다시한번 생각하게 되었다. 나는 태어나면 아기가 모든 장기를 갖추고 있는 것이 당연한 줄 알았다. 그러나 그렇지 않았다. 단순히 숨쉬는 일조차 당연하지 않았다.

또다시 응급 상황이 벌어졌다. 아기의 상태를 본 의사는 심각한 얼굴로 외과에 연락을 했다. 아기가 배 안에서 장이 터진 상태였다. 그런데 1000그램도 안 되는 미숙아의 경우 아기가 워낙 작다 보니 힘을 세게 주면 장기가 찢어질 수도 있어서 아주 조심스럽게 수술을 진행해야 한다. 수술방으로 아기를 이동시키는 것조차 위험할 수 있어서 수술은 아기가 누워 있는 중환자실에서 이루어진다. 조명이 너무 어두워 아이의 작은 몸에 메스를 대는 것이 여의치 않았지만 의사는 최선을 다했다. 덥고 열악한 환경 속 의료진들의 사투 끝에 결국 아기는 무사히 수술을 마치고 고비를 넘겼다.

위험한 고비를 넘기고 잠이 든 인큐베이터 속 아기를 바라보는데 문득 그런 생각이 들었다. 어떻게 저렇게 작고 연약한 몸으로 생과 사의 경계를 견디며 살아 낼 수 있었을까. 태풍 속 몰아치는 파도에 맞서 작은 배 하나로 살아남은 어부의 강인함에 견주어도 아기가 지닌 생명력은 결코 뒤지지 않아 보였다.

촬영 마지막 날, 혼수상태에 있던 아기를 돌보던 간호사가 소리쳤다.

"아기가 눈을 떴어요!"

주치의가 한달음에 달려왔지만 아기는 다시 눈을 감고 있었다. 주치의는 아기의 발에 자극을 주며 반응을 보이기를 기다렸다. 잠시 후 아이가 힘을 주며 발을 당겼고 그와 동시에 눈을 떴다. 주치의는 그 눈을 보며 벅찬 마음을 주체할 수가 없었다. 마침내 그들의 간절한 기도가 빛을 발한 순간이었다. 주치의는 지금처럼 아기가 힘을 내주기만 한다면 바랄 게 없다고 했다.

나는 아기의 작은 다리가 움직일 때 깨달았다. 생명은 어떻게든 살기 위해 애쓴다. 그것은 우리가 태어나는 순간부터 이미 내면에 깊이 새겨진 의지이자 본능이다. 그래서 오늘도 신생아 중환자실을 지키는 의료진은 고단하지만 한 시간에 1그램씩 자라는 아기들이 써 내려가는 기적을 믿으며 힘을 낸다. 1그램의 기적은 계속될 것이기 때문이다.

의사들과 간호사들, 그리고 엄마가 그토록 살리려고 애쓴 아기, 은혜는 지금 어떻게 지내고 있을까. 그들의 염원을 담아 잘 살고 있을까. 그리고 나는 왜 그들 앞에서 자꾸만 가슴이 따끔거리는 걸까. 지금 이 순간 내가 살아 있다는 것이 얼마나 귀한 일인지 잊고 있는 건 아닐까. '인생 별거 없다'는 말 뒤에 숨어 어느덧 무감각해져 버린 생의 감각을 나도 모르게 정당화하고 있는 것은 아닐까. 미국의 사상가인 헨리 데이비드 소로는 《월든》에서 다음과 같이 말했다.

"내가 숲속으로 들어간 것은 인생을 의식적으로 살아 보기 위해서였다. 다시 말해서 인생의 본질적인 사실들만을 직면해 보려는 것이었으며, 인생이 가르치는 바를 내가 배울 수 있는지 알아보고자 했던 것이며, 그리하여 마침내 죽음을 맞이했을 때 내가 헛된 삶을 살았구나 하고 후회하는 일이 없도록 하기 위해서였다."

나는 무뎌진 생의 감각을 일깨우기 위해 무엇을 해야 하는가. 그 질문 앞에 나는 서 있다. 모든 순간이 다시는 오지 않을 단 한 번뿐이라는 사실을 마음에 새기고, 매 순간을 온전히 느끼는 것이 그 시작일 것이다.

CHAPTER 6

나는 어떤 말로
나의 하루를 채울 것인가

내가 이순재 배우 인터뷰를 잊지 못하는 까닭

"2024년 KBS 연기대상 수상자는 이순재 선생님입니다."

1935년생으로 89세라는 역대 최고령의 나이에 연기대상을 받은 이순재 배우. 나는 텔레비전 화면으로 그 모습을 지켜보다 나도 모르게 박수를 쳤다. 그리고 8개월 전 그를 인터뷰했을 때의 기억들이 주마등처럼 스쳐 지나갔다.

'유 퀴즈'에 출연한 그는 남색 정장에 빨간색 스트라이프 넥타이를 매고 있었다. 그 모습은 어린 시절 중요한 행사 날, 옷장에서 가장 반듯한 옷을 꺼내 입은 교장 선생님을 떠올리게 했다. 그 모습을 보며 나는 그가 연기 경력 내내 매일 주어진 일을 묵묵히 해온 성실한 직업인임을 짐작할 수 있었다.

그럼에도 곧 아흔이 되는 노배우는 아직도 연기가 어렵다고 말했다. "연기에 완성이란 없다. 완성을 향해 고민하고 노력하고 도전하는 것이 배우로서의 숙명"이라고 생각하는 그는 "대사를 완벽히 숙지해야만 자신의 혼이 담긴 연기를 제대로 해낼 수 있다"고 여기기 때문에 늘 현장에 일찍 도착해 촬영 직전까지 계속 대본을 암기한다고 했다. 발성에 문제가 생길까 봐 담배는 평생 멀리했고, 건강을 유지하기 위해 절대 과식을 하지 않으며 바쁜 스케줄에도 틈틈이 운동을 계속해 왔다고 했다. 또 기억력이 무너지면 연기 생활도 끝이라는 생각에 틈날 때마다 미국 대통령 이름을 순서대로 외우고 사전을 펼쳐 단어를 공부한다고 했다.

그는 "배우는 한 나라의 언어를 대변하는 사람"이라며 박사든 무학이든, 시골 사람이든 서울 사람이든 모두가 알아들을 수 있는 말을 써야 한다고 했다. 그래서 적절한 단어와 어휘를 고르는 것뿐 아니라, 단어의 장단음까지도 정확히 알고 말해야 한다고 강조했다.

70년 가까이 한 길을 걸어온 이가 자신이 쌓아 온 노하우와 영광을 자랑하기는커녕 시시포스의 바위처럼 끝없이 이어지는 노력을 말하는데 저절로 고개가 숙여졌다. 더욱더 놀라운 건 그가 1970년 TBC 연기대상을 탄 이후로 2024년까지 54년간 연기대상을 받은 적이 없다는 것이다.

"나는 빛나는 정상에 한 번도 올라가 본 적이 없어요. 웬만한 사람은 다 탔다는 동아연극상도 못 탔지. 영화도 백여 편이나 했지만 대종상도 못 탔어요."

1970년대 후반, 한창 일할 40대에 부당하게 평가절하당한다는 느낌이 들 땐 고통스러웠지만 1년여의 방황 끝에 다시 현장으로 돌아왔다고 했다. 그 뒤로도 그는 반짝반짝 빛나거나 화려하진 않았지만 묵묵히 배우 일을 해 왔다. 아흔을 앞둔 지금까지 말이다.

그런데 이순재 배우와의 인터뷰를 진행하면서 가장 인상 깊었던 건 따로 있었다. 그는 인터뷰 시작부터 끝까지 한 치의 흐트러짐 없이 허리를 곧게 세우고 바른 자세로 있었다. 처음엔 인터뷰를 의식해 단정히 앉는다 해도 시간이 지나면 긴장이 풀려 자세가 흐트러지기 마련인데, 그는 끝까지 그 자세를 유지했다. 그가 어떤 마음과 자세로 70년 가까이 배우 생활을 해 왔는지 단적으로 알 수 있는 대목이었다.

때론 그렇게 '몸의 언어'가 백 마디의 말보다 한 사람의 생을 더 강렬하게 보여 주기도 한다. 어쩌면 수많은 후배들이 그를 따르는 것도 70년 가까이 '배우는 어떤 삶을 살아야 하는가'를 말하는 데 그치지 않고 직접 삶으로 보여 주었기 때문이 아닐까. 그런 그가 작년 연기대상을 받았을 때 나는 박수를 보내지 않을 수 없었.

그는 '인생이란 무엇인가요?'라는 질문에 이렇게 답했다.

"사람이 태어나는 조건은 다 다르다. 유복한 부모 밑에서 넉넉하게 태어나는 사람도 있고 그렇지 못한 사람도 있다. 각자 가진 삶의 조건은 다 다르고, 내가 이렇게 태어난 것에도 분명 의미가 있을 거다. 그러니 그 의미를 찾아 자신의 길을 개척하면 된다.

나라고 불가능할 것은 없지 않겠느냐. 자신을 비하하지 마라.
  연기도 마찬가지다. 송강호, 최민식, 마동석 같은 배우만 봐도 그들은 바닥부터 하나하나 올라간 끝에 평생 연기를 할 수 있는 배우들이 됐다. 예전 같으면 다 탤런트 시험에서 떨어졌을 것이다. 하지만 자신만의 장기를 살려서 자신의 세계를 개척했기에 오늘날의 그들이 있는 것이다. 그러니 나도 뭐든지 될 수 있다는 자신감을 가지고 정진했으면 좋겠다. 각자의 개성이 있는 거니까."
  나는 나의 길을 잘 가고 있을까. 문득 그런 질문을 하게 될 때마다 이순재 배우가 떠오른다. 그리고 남들의 삶과 비교하며 자신을 깎아내리지 말고, 자신만의 장기를 살려서 자신의 세계를 개척해 나갔으면 좋겠다는 그의 말을 다시금 되새기게 된다.

오늘 하루를 어떤 말들로 채울 것인가

몇 해 전 친구와 남프랑스로 여행을 갔을 때였다. 온화한 지중해 날씨를 닮은 그곳 사람들의 일상에는 여유가 깃들어 있었다. 그 여유는 나로 하여금 평소 낯설고 어렵게만 느껴졌던 프랑스 코스 요리에 도전하게 만들었다. 마을의 작은 레스토랑 주인에게서 "식사 매너를 익히는 것보다 더 중요한 건 그 맛을 하나하나 천천히 음미하는 일"이라는 말을 들었을 때, 나는 무언가 마음속에 울림이 이는 것을 느꼈다.

며칠 뒤 나는 친구와 인연이 있는 한 가족의 저녁 식사에 초대를 받게 되었다. 에피타이저부터 제철 재료로 정성스럽게 만든 요리들이 차례로 식탁에 올라왔다. 음식들은 하나하나 너무 맛있었고, 그들이 식사 시간 내내 나를 편안하게 대해 줘서인지 마음 깊이 행복감이 스며들었다. 디저트를 먹으려던 찰나 와인 소믈리에인 집주인이 내게 와인 한 병을 건네며 말했다.

"어떤 선물이 좋을까 고민하다가 당신이 태어난 해에 만들어진 와인이 생각났어요. 운 좋게도 자주 가는 와인샵에 1980년산 와인이 있어서 얼마나 기뻤는지 몰라요."

나와 같은 나이의 와인이라니, 미처 예상하지 못한 깜짝 선물 앞에서 마음이 뭉클해졌다. 와인 라벨은 누렇게 바래 있었고, 와인의 색은 흔히 보는 선명한 붉은빛이 아니라 보랏빛이 감도는 붉은빛을 띠고 있었다. 그들은 오래된 그 와인을 '할머니'라고 불렀다. 집주인은 40년 가까이 익어 온 와인을 따면서 말했다.

"자, 우리를 만나기 위해 많은 시간을 견디고 기다려 온 할머니를 위해 마지막 한 모금까지 맛있게 마십시다."

그 말을 듣는 순간 와인이 거쳐 온 시간들이 파노라마처럼 펼쳐졌다. 뜨거운 햇빛과 바람을 맞으며 자란 포도가 베테랑 기술자들의 손을 거쳐 한 병의 와인이 되고, 그것이 먼 거리를 달리고 거친 파도 위를 지나오며 숙성되어 온 시간들…. 그 모든 시간이 한 잔의 와인 안에 담겨 있는 듯했다. 나는 천천히 와인을 마셨다. 어디서도 맛보지 못했던 특별한 맛이 몸 곳곳으로 스며들었다. 나는 편안하게 그 모든 순간을 음미했다.

만약 집주인이 내가 태어난 해에 만들어진 와인이라는 얘기를 하지 않았다면, 그리고 그 긴 시간을 다시금 깨닫게 하는 말을 덧

붙이지 않았다면, 그 와인은 그저 오래된 와인에 불과했을지 모른다. 그리고 만약 집주인이 비싼 빈티지 와인이라는 말만 강조했다면 나는 와인을 마시는 내내 받은 마음에 어떻게 보답해야 할지 부담을 더 크게 느꼈을지도 모른다.

하지만 집주인이 내게 건넨 귀하고 예쁜 말들 덕분에 그 와인은 나에게 너무나 특별한 선물이 되었다. 그리고 그날 하루는 내 인생에서 손꼽히는 낭만적인 하루가 되었다. 그래서 알게 되었다. 예쁜 말이란 단지 듣기 좋은 말이 아니라 그 속에 마음에서 우러나온 배려와 진심이 담겨 있다는 것을. 그리고 우선 내 내면이 단단하고 여유가 있어야 상대방을 배려하며 예쁜 말을 할 수 있다는 것을.

우리는 살면서 수없이 많은 '말의 갈림길'에 선다. 매 순간 우리는 차갑게 말할 수도, 조용히 넘길 수도, 혹은 조금의 정성을 담아 말을 건넬 수도 있다. 그렇다면 오늘은 한마디라도 진심이 담긴 예쁜 말을 건네 보면 어떨까. 비난 대신 이해의 말을, 무심한 침묵 대신 따뜻한 격려의 말을, 조급한 말 대신 여유 있는 말을 건네 보는 것이다. 그러면 적어도 오늘은 꽤 괜찮은 하루가 되지 않을까. 그런 하루하루가 모인다면 꽤 멋진 인생이 되지 않을까.

좋은 인연을 놓치지 않는 법

2017년 봄 나는 울진 천축산 자락에 있는 불영사에서 비구니 스님들과 두 달여의 시간을 보냈다. 스님들의 일상을 카메라를 통해 지켜본 시간들은 모두 뜻깊었지만 지금도 유난히 기억에 많이 남아 있는 시간이 있다.

나는 아침에 눈을 뜨면 제일 먼저 주지 스님인 일운 스님을 찾아뵙곤 했다. 스님이 직접 내려 준 차를 마시며 이야기를 나누는 시간은 참으로 고요하고 따뜻했다. 그날그날의 날씨에 따라 스님이 들려주는 소박한 소회부터 내가 풀지 못하고 있는 삶과 일에 대한 고민과 걱정까지 폭넓은 질문과 대답이 오갔다. 그중 아직도 내 마음속에 뚜렷이 남아 있는 말이 하나 있다.

"지현아, 좋은 인연은 네가 노력을 기울여서 잘 이어 가야 돼."

나는 잠시 멈추었다가 물었다.

"스님, 인연은 자연스럽게 오고 가도록 그냥 두는 것이 이치에 맞지 않나요?"

스님은 작은 미소와 함께 답했다.

"네가 좋은 인연이라고 느낀다면 그 인연에 마음을 다해야지. 인연도 노력을 기울여 이어 가야 하는 거야."

그 말을 듣는 순간 친하게 지냈는데 지금은 소원해진 사람들의 얼굴이 하나둘 떠올랐다. 크게 다툰 것도 아니고, 특별한 이유가 있었던 것도 아닌데 그저 사느라 바빠 자연스럽게 멀어진 사람들. 가끔 그 사람들이 떠오를 때면 나는 스스로에게 이렇게 말해 왔다.

"인연이 거기까지였던 거야."

그렇게 그 말 뒤에 숨어 버리곤 했다. 이미 멀어진 관계를 되돌릴 수 없다는 생각을 핑계 삼았다. 그런데 스님의 말은, 그중에서도 아쉬움이 남는 얼굴들을 생각하게 만들었다.

불영사 취재를 마치고 도시의 일상으로 돌아온 어느 날이었다. 책상 서랍을 정리하다 한 통의 편지를 발견했다. 몇 년 전 남편과 함께 외국으로 간 후배의 편지였는데 읽다 보니 그 시절 그녀와 나누었던 이야기와 추억들이 생생히 떠올랐다.

'그땐 참 가깝게 지냈지. 지금은 어떻게 지내려나.'

궁금함과 아쉬움이 동시에 밀려왔지만 몇 년 만에 연락하려니

선뜻 용기가 나지 않았다. 그때 스님의 말이 문득 생각났다.
'그래, 마음이 있다면 먼저 다가가 보자.'

나는 조심스럽게 문자 메시지를 보냈고 이내 반가움이 가득 담긴 답장을 받았다. 내 연락을 받고 웃음 지었을 그녀의 얼굴이 눈앞에 그려졌다. 그 일을 계기로 나는 궁금했던 몇몇 사람에게도 용기를 내어 연락을 건넸다. 돌아온 답장들에는 반갑다고, 먼저 연락해 줘서 고맙다는 인사가 담겨 있었다. 나는 그제야 깨달았다. 나만큼이나 그들도 인연이 멀어진 것을 안타까워했음을.

그 이후로 나는 좋은 인연이라 여겨지는 사람을 대할 때마다 스님의 말을 떠올린다. 좋은 사람을 놓치고 싶지 않기 때문이다. 그나마 다행인 사실은 30대 초반이 아니라 마흔이 다 되어 갈 때 그 말을 들었고, 나이가 들면서 내가 바뀐 부분이 있었기에 스님의 말을 그냥 흘려듣지 않을 수 있었다는 것이다.

30대 초반까지만 해도 나는 연인을 '부족한 나'를 채워 줄 존재로 여겼다. 그래서 사랑이 나타나면 한 조각 빠진 채 지내다가 딱 맞는 조각을 만난 것처럼 기뻐했고 그만큼 기대했다. 나의 불안과 결핍, 두려움과 고민을 모두 털어놓는 것이 사랑이라 믿었고, 더 이상 외로움 같은 건 느끼지 않을 거라고 생각했다.

그런데 지난 18년 동안 수많은 사람들을 만나 오면서 어느 순간 아주 단순한 진실 하나를 깨달았다. 나를 가장 잘 이해하고 채워 줄 수 있는 존재는 나 자신뿐이라는 것을…. 누구도 내 감정을 나만큼 알 수는 없으며, 그래서 내 감정을 나 스스로 잘 돌보고 다

독일 줄 알아야 관계도 건강해질 수 있다는 걸 배웠다. 그리고 아무리 사랑해도 그와 내가 하나가 될 수 없으며, 사랑할수록 둘만의 친밀함을 유지하면서도 적당한 거리를 두고 각자의 세계를 존중해야 한다는 것을 알게 되었다.

가수 아이유는 한 방송에서 '밤편지'라는 곡의 비하인드를 다음과 같이 얘기했다.

"밤에 잠을 못 잘 때가 많아서 저한테 잠은 정말 소중해요. 그래서 늦은 밤 누군가 보고 싶어도 그 사람을 깨울 수 없어요. 저한테 잠이 소중한 만큼, 그 사람의 잠도 소중하니까요."

가사에서 그녀는 결국 좋아한다는 말 대신 반딧불이를 보낸다. 그 사람이 좋은 잠을 잘 수 있게 창밖을 지켜주고 싶은 마음으로. 그리고 말했다.

"생각해 보니, 이게 사랑인 것 같아요."

아이유의 말을 들으며 나는 생각했다. 더 이상 사랑하는 이가 나의 부족한 면을 채워 주기를 바라지 않는다고, 그저 사랑하는 사람이 나로 인해 힘들지 않았으면 좋겠고 오히려 도움이 되고 싶은 마음이 깊어졌다고. 그래서 더 솔직하고 더 건강하게 내 마음을 들여다보고 잘 돌보려 애썼다.

그렇게 나 자신이 바뀌자 사랑의 방식도 예전보다 훨씬 편안하고 안정적으로 바뀌었다. 나와 너무나 다른 상대방이 서로 이해되지 않는 부분이 존재함에도 불구하고 나를 좋아해 준다는 것이 고마웠고, "잘 잤어?", "오늘 어땠어?"라는 사소한 인사도 더없이 귀하게 느껴졌다. 그리고 시간이 흐를수록 깨닫게 되었다. 내가 바뀌니 내 곁에 머무는 사람들도 달라진다는 것을.

아무리 좋은 사람이 있어도 내가 보는 눈이 없으면 그를 알아보지 못하고 놓치게 될 것이다. 그러니까 좋은 인연을 놓치지 않으려면 내가 사람 보는 눈을 키우고 내가 먼저 좋은 사람이 되어야 하는 것이었다. 그래서 나는 무엇보다 나 자신을 잘 들여다보고 나의 마음을 잘 돌보려고 애쓰고 있다. 좋은 인연은 결국, 나와의 관계가 편안할 때 찾아온다는 걸 조금은 알게 되었기 때문에.

대신 엄마도 이기적으로 살아 줘

촬영한 지 몇 년이 흘렀어도 걸어다니며 봤던 골목의 풍경들과 사람들의 표정들, 그때 비추던 햇살까지 생생하게 기억나는 날이 있다. '유 퀴즈' 촬영을 하며 동인천 골목을 돌아다녔던 날이 그렇다.

초여름이지만 생각보다 햇살이 뜨거웠던 그날, 나는 45년간 양장 만드는 일을 해 온 의상실 주인을 만났다. 그녀는 열아홉에 처음으로 재봉틀을 만지며 옷을 만드는 기술을 익혔다. 바닥부터 시작해 차근차근 한 단계씩 올라가며 평생 꿈이었던 의상실을 차린 게 35년 전이었다. 그녀는 요즘 나이가 들어서인지 손과 눈이 예전 같지 않아서 걱정이라고 했다. 단골손님에게 멋진 옷을 만들어 주고 싶은데, 그 마음만큼 결과가 따라 주지 않을까 염려되었던 것이다. 그 안에는 옷을 만드는 사람으로서 오랜 시간 최선을 다해 온 이의 자부심이 녹아 있었다.

그런 그녀에게도 혹시 인생에서 지우고 싶은 순간이 있을까. 그녀는 남들이 뭐라든 진짜 열심히 살았다며 후회되는 건 별로 없다고 했다. 그러나 잠시 후 만약 인생의 어느 순간을 지울 수 있다면 아이들을 엄하게 키운 것을 지우고 싶다고 했다. 아이들을 먹여 살리기 위해 쉼 없이 일하다 보니 어린이날에도 어딜 데리고 가 본 적이 없었고, 갖고 싶은 장난감도 한번 못 사 줬다고 했다.

"지금도 애들만 생각하면 눈물이 나. 아이가 팔이 부러졌는데도 병원을 같이 못 가 줬어. 일곱 살짜리가 깁스를 해 가지고 저 혼자 다녔지. 그때 그 생각만 하면 너무 가슴이 아파."

가슴이 아픈 장면들을 하나둘 떠올리던 그녀는 결국 고개를 떨구고 눈물을 흘렸다. 그녀는 아이들에게 전하고 싶은 말이 있다며 영상 편지를 남겼다.

"얘들아, 정말 미안해. 그래도 다시 태어나면 엄마한테 한 번 더 태어나 줄래? 그때는 너희가 해 달라는 거 다 해 줄게."

예전에 한 예능 프로그램에서 개그맨 정형돈에게 물었다. 젊은 시절 엄마에게 해 주고 싶은 말이 무엇이냐고. 그는 말했다.

"엄마 진짜 잘 들어요. 엄마는 마흔에 고혈압으로 크게 쓰러지십니다. 그리고 3년마다 고혈압으로 쓰러져요. 중간중간에 쓸개,

자궁, 맹장을 떼 내요. 잘 생각하셔야 해요. 그리고 오십부터는 당뇨, 고혈압으로 고생하시고, 60대에는 심근 경색으로 굉장히 고생을 하십니다. 60대 중반부터 인공 관절 쪽으로 수술을 많이 하시고 70대가 돼서는 뇌졸중으로 쓰러지십니다. 이거를 다 견딜 수 있으시다면 또 저를 낳아 주세요."

그 영상에는 이런 댓글이 달렸다. 우리가 '또 저를 낳아 주세요'라는 말에 울컥하는 이유는 우리들의 엄마가 그 고생을 감내하더라도 분명 나를 또 낳으리란 걸 알기 때문이라고.

시인 심순덕은 시 '엄마는 그래도 되는 줄 알았습니다'에서 다음과 같이 말했다. 엄마는 그래도 되는 줄 알았다고. 찬밥 한 덩이로 대충 부뚜막에 앉아 점심을 때워도, 손톱이 깎을 수조차 없이 닳고 문드러져도, 아버지가 화내고 자식들이 속 썩여도 전혀 끄떡없는 줄 알았다고. 엄마는 그래도 되는 줄 알았다고. 외할머니 보고 싶다, 외할머니 보고 싶다, 그것이 그냥 넋두리인 줄만 알았다고. 그런데 한밤중 자다 깨어 방구석에서 한없이 소리 죽여 울던 엄마를 본 후론 엄마가 그러는 게 모두 당연한 게 아니었음을 깨달았다고.

하지만 나는 아직도 엄마의 자식이고만 싶다. 엄마한테 "잘했네, 우리 딸"이라는 칭찬을 듣고 싶고, "오늘도 고생 많았어"라는 말을 듣고 싶다. 그래서 나는 아주 이기적인 소원을 빌어 본다. 다음 생은 모르겠고, 그냥 이번 생에 오래오래 곁에 있어 주면 좋겠다고, 만일 신이 있다면 제발 그 소원만큼은 들어주었으면 좋겠다고.

대신에 엄마도 앞으로는 제발 이기적으로 살아 달라고. 맛있는 거 있으면 내 생각 하지 말고 먼저 먹고, 하고 싶은 거 다 하며 살라고. 엄마는 이미 그럴 자격이 충분하다고.

지금 내가 해야 할 일

2007년 12월 31일. 그날은 군산선 세 칸짜리 꼬마 열차가 마지막 운행을 하는 날이었다. 꼬마 열차는 1912년 개통 이후 하루에 16번씩 군산과 전주 사이를 오가며 출퇴근하는 직장인들부터 장터로 나물을 팔러 나가는 할머니들까지 책임진 고마운 교통수단이었다. 그러나 새 군산역이 생기고 군산선이 장항선과 연결되면서 꼬마 열차는 열심히 달려온 95년의 시간을 뒤로하고 멈춰 서게 되었다. 나는 군산으로 내려가 꼬마 열차의 마지막 3일을 취재하게 되었고, 각자의 방식으로 꼬마 열차와 이별하는 다양한 사람들을 만날 수 있었다.

D-2

한 20대 청년이 군산역 매표소에서 티켓을 끊고 있다. 그는 대합실 한쪽 테이블로 걸어가더니 가방에서 마이크와 녹음기를 꺼냈다. 그는 꼬마 열차가 달리는 소리를 담기 위해서 군 복무 중 휴가까지 내서 수원에서 왔다고 했다. 그는 선로들이 점점 직선화되면서 옛날 기차의 덜컹거리는 소리가 사라지는 게 아쉽다고 했다. 또 기관사가 간이역을 안내하는 방송을 다시 못 듣는다는 사실 또한 아쉽다고 말했다. 그래서 그는 기차가 구부러진 선로를 달릴 때 나는 소리와 기관사의 안내 방송을 녹음해 두었다가 먼 훗날 이 순간이 그리워질 때 다시 듣고 싶다고 했다.

D-1

꼬마 열차 안, 한 가족이 마주 보고 앉아 귤을 까먹으며 이야기를 나누고 있었다. 부부는 딸과 함께 20년 전 추억 여행을 하려고 기차를 탔다고 했다. 가난했던 연애 시절, 부부에게 군산선은 최고의 데이트 코스였다. 자판기 커피 한 잔 뽑아서 나눠 마시고 열차에 앉아 도란도란 이야기를 나누다 보면 어느새 다시 출발했던 역으로 돌아와 있었다. 예전에 기차 맨 뒤 칸 문이 열려 있었을 때는 그곳에 서서 멀어져 가는 레일을 바라보기도 했다. 그처럼 부부가 과거의 기억을 새록새록 떠올리는 동안 딸은 조용히 미소 짓고 있었다. 가족은 자판기 커피를 뽑았던 역사에 내린 다음 열차를 배경으로 사진을 찍었다. 남편은 딸에게 기차가 잘 보이게 찍어 달라며 아내의 손을 잡았고, 딸은 알았다며 연신 카메라 셔터를 눌렀다.

D-day

깜깜한 새벽, 폭설을 헤치고 첫차가 역에 들어왔다. 눈길을 한참 걸어온 할머니들이 저마다 보따리를 메고 열차에 올랐다. 군산역 도깨비시장에 가기 위해서였다. 꼬마 열차가 운행하는 마지막 날이라 장에 내다 팔 수 있는 건 모조리 다 들고나온 바람에 할머니들의 보따리는 금방이라도 터질 듯 빵빵했다. 할머니들에게 도깨비시장은 젊은 날엔 가족의 생계를 책임져 주고, 노년이 되어서는 자식들에게 아쉬운 소리 안 해도 될 만큼 용돈을 벌게 해 준 고마운 일터였다. 언젠가 끝이 있을 줄 알았지만 막상 그게 오늘이라니 허전한 마음을 감출 수가 없었다. 기차가 출발하자 피곤한지 창틀에 고개를 묻고 잠드는 할머니들의 주름진 얼굴에는 열차와 함께 보내 온 세월이 담겨 있었다. 잠이 오지 않는지 한 할머니는 창밖으로 멀어져 가는 풍경을 눈에 담으며 생각에 잠겼다.

한 노신사가 대합실에 서 있었다. 베이지색 코트를 단정히 입은 노신사는 열차 시간이 다가오자 플랫폼으로 걸어나가 군산발 마지막 열차 맨 뒤 칸에 올라탔다. 그리고 맨 끝 좌석에 앉은 그는 긴장된 표정으로 누군가를 기다리는 듯 계속 창밖을 바라보았다. 74세가 된 그에게는 20대에 열렬히 사랑했던 연인이 있었다.

그녀와 3년 가까이 만나는 동안 따로 약속 장소를 정한 적은 없었다. 그저 몇 시 차를 타고 가는지 묻고 시간 맞춰 열차 맨 뒤 칸 마지막 좌석으로 가면 둘은 만날 수 있었다. 그것이 둘만의 약속이었다. 그러던 어느 날 기차에 탔는데 그녀가 보이지 않았다. 알고 보니 그녀는 파독 간호사로 독일에 가 버린 뒤였고 그 후 둘은 다신 만나지 못했다. 어떻게든 그녀를 한번 만나고 싶었던 노신사에게 오늘은 마지막 희망이었다. 시간이 너무 많이 흘러 버렸다는 것은 알고 있지만 그래도 열차를 운행하는 마지막 날이니까 혹시나 하는 기대가 있었다. 하지만 잠시 후 야속하게도 열차는 그대로 출발했고 그녀는 나타나지 않았다. 그는 담담히 창밖을 바라보며 추억에 잠겼다.

밤 10시 25분. 마지막 운행을 준비하는 기관실에 군산역에서 보내온 안내 방송이 울려 퍼졌다.
"2176 기관사님 그리고 여객 전무님, 고생 많으셨습니다. 안녕히 가십시오. 군산역입니다."
깜깜한 밤, 기관사는 폭설에도 열차를 배웅하기 위해 나온 주민들에게 감사 인사를 건넸다. 주민들은 준비한 꽃 화환을 기관사 목에 둘러 주며 그동안 정말 고생 많았다고 박수를 쳤다. 다시 한번 허리 숙여 감사의 인사를 건넨 기관사는 열차에 올라 출발 준비를 했다. 잠시 후 열차가 조금씩 움직이자 사람들은 눈물을 훔치면서도 힘껏 손을 흔들기 시작했다. 이제 역사의 뒤안길로 사라질 꼬마 열차는 그처럼 많은 사람들의 뜨거운 배웅 속에 힘차게 앞으로 나아갔다.

나는 열차 안에서 사람들의 아쉬움 가득한 표정을 보며 그야말로 잘 살아온 한 생의 은퇴식을 보는 것 같았다. 그런 뜨거운 안녕을 받아 본 이가 얼마나 될까.

꼬마 열차의 마지막 3일 동안 사람들은 각기 다른 추억을 안고 열차에 올랐다. 어떤 이들은 지난 어느 한 시절 열차와 함께했던 순간을 떠올리며 그리워했고, 어떤 이들은 다시는 열차를 볼 수 없다는 사실에 슬퍼했고, 어떤 이들은 먼 훗날 기억하기 위해 사진을 찍고 또 찍었다.

꼬마 열차의 마지막을 취재한 지도 벌써 17년이 지났다. 그때 열차를 탔던 많은 이들은 어디에서 어떻게 살아가고 있을까. 그리고 95년이라는 세월 동안 수많은 사람들을 실어 나른 열차는 그들에게 지금 어떤 기억으로 남아 있을까.

《빨간 머리 앤》의 작가인 루시 모드 몽고메리는 "우리가 기억하는 한, 그 어떤 것도 진정으로 사라지지 않는다"라고 말했다. 그녀의 말처럼 기억은 우리 안에 머물러 있다가 어떤 일을 계기로 다시금 현재로 소환된다. 그리고 지금은 없지만 분명히 있었던 과거의 한때를 추억하는 동안 우리는 잠시나마 힘든 오늘을 잊게 된다.

특히나 누군가와 마주 앉아 웃었던 기억, 비 오는 날 친구와 비를 맞으며 뛰어갔던 기억, 엄마의 손을 잡고 걸었던 평범한 오후처럼 행복한 추억은 지금의 나를 붙들어 주는 힘이 된다. 그래서 정신분석학자 브루노 베텔하임은 아이에게 행복한 추억이 있다면 어른이 되어서도 어둠 속에서 방향을 잃지 않는다고 말했다.

생각해 보면 나에게도 그런 날이 있었다. 마음이 허했던 어느 날, 버스에 올라 창밖을 멍하니 보고 있는데 예전에 좋아하는 사람과 자주 찾아가던 카페가 문득 눈에 들어왔다. 그 순간 따뜻하고 행복했던 기억이 떠올랐고, 그 기억을 떠올리는 것만으로도 웃음이 나고 기분이 좋아졌다. 한편으론 오래된 추억 하나가 지금의 나를 위로해 준다는 사실이 놀랍기도 했다.

그래서일까. 따뜻하고 행복한 추억들을 많이 만들어 두는 것이 언젠가 삶이 힘들 때를 대비하는 보험 같다는 생각을 했다. 입맛이 씁쓸할 때 사탕 하나를 꺼내 먹는 것처럼 언제든 나를 행복하게 만들어 줄 기억의 캔디박스를 부지런히 채워 나가는 것이야말로 지금 내가 해야 할 일이 아닐까.

그래서 나는 오늘 더 많이 웃고, 더 많이 사랑하고, 더 많이 추억을 만들기로 한다. 어쩌면 지금 이 순간도 먼 훗날 내가 사무치게 그리워하게 될지도 모르니까.

그가 동물에게 하고 싶고, 듣고 싶은 말

'갈비 사자'라고 들어 본 적이 있는가. 2023년 개인이 운영하는 실내 동물원에서 갈비뼈가 다 보일 정도로 앙상하게 말라 '갈비 사자'라는 별명을 얻게 된 사자 바람이. 알고 보니 바람이는 7년 동안 사방이 시멘트 벽으로 된 좁은 실내에 갇혀 지내며 햇볕을 한 번도 보지 못한 상태였다. 그리고 사육장 앞에서 먹이 체험으로 판매되고 있던 닭고기 꼬치는 사자의 먹이였는데, 꼬치를 더 많이 팔기 위해 주인은 사자를 일부러 굶기기도 했다. 이 사실을 알게 된 사람들은 제발 바람이를 구해 달라며 여기저기 민원을 넣었고 그러면서 바람이의 안타까운 사연이 세상에 알려졌다.

사자는 평균 15~20년을 사는데 당시 바람이는 열아홉 살이었다. 다행히 수많은 사람들의 구조 요청에 힘입어 바람이는 청주 동물원에서 마지막 여생을 보낼 수 있게 되었다. 1년 뒤 구조를 책임졌던 김정호 수의사를 만나 바람이의 상태를 묻자 바람이는 더 이상 갈비뼈가 보이지 않을 만큼 건강해졌고, 청주동물원에 원래 있던 암컷 사자와 잘 지내고 있다고 했다.

그런데 청주동물원에는 동물원 하면 흔히 떠오르는 코끼리와 기린이 없다. 다른 동물원과 달리 다친 야생 동물들을 치료하고 보호하는 목적이 더 크기 때문이다. 이 동물원에 있는 반달가슴곰 세 마리도 개인 농장에서 웅담 채취 목적으로 길러졌다 방치된 아픈 과거를 가지고 있다. 수달과 새들도 마찬가지다.

게다가 이 동물원에서는 동물을 보는 일 자체가 쉽지 않다. 최대한 동물들의 생체 리듬을 방해하지 않으려다 보니, 야행성인 수달은 오후 2시 이후에야 겨우 그 얼굴을 볼 수 있다. 이처럼 사람들의 관람보다 동물 복지를 최우선으로 하는 청주동물원에는 현재 치료를 받고 있거나 보호 중인 280여 마리의 야생 동물들이 함께 어우러져 살아가고 있다. 야생 동물을 야생 동물답게 살아가게 하는 것이 목표인 만큼 지난해에는 돌보던 삵 두 마리를 야생으로 돌려보내기도 했다.

하지만 아무리 애써도 살리지 못하는 동물들도 있다. 25년째 수의사로 활동 중인 김정호 씨는 처음 일할 때부터 보살펴 온 사자 먹보를 하늘나라로 보냈을 때를 아직도 잊지 못한다. 21년간 매일처럼 먹보의 울음소리를 들으면서 하루를 시작했는데 어느 날부터인가 먹보의 몸에 종양이 퍼지기 시작하더니 나중에는 다리 하나가 마비되어 움직이지를 못했다. 그는 먹보를 이대로 두는 게 맞을까, 뭐라도 해 줄 수 있는 게 없을까 고민이 많았다. 검진을 잘못해서 혹시나 먹보의 시간을 더 단축시키는 건 아닐까 두렵기도 했다.

하지만 무엇이든 해 봐야 했다. 그래서 먹보에게 마취총을 쏘고 검진을 해 보니 이미 손쓸 수 없을 정도로 온몸에 종양이 퍼져 있었다. 견디기 힘들 정도로 아팠을 텐데 지금까지 버텨 온 게 대단하다 느껴질 정도였다. 그는 고민 끝에 안락사를 시키기로 하고, 먹보에게 주사를 놓았다. 그는 그처럼 병든 동물을 살리지 못하고 보낼 때마다 자신이 치료를 잘못해 그런 것만 같아 마음이 아프다고 했다. 그리고 하늘에 있는 먹보 같은 친구들에게 어떤 말을 듣고 싶냐는 질문에 그는 담담히 말했다. 애썼다고, 당신 덕에 덜 아팠다는 얘기를 들으면 참 기쁠 것 같다고. 그럼 혹시 지금 사자 바람이랑 얘기를 할 수 있다면 어떤 말을 하고 싶냐고 묻자 그는 말했다.

"아프면 아프다고 얘기를 해 줬으면 좋겠어. 너무 참지 말고."

그는 수의사가 된 것도 동물을 특별히 좋아하거나 사랑해서가 아니라, 그저 동물도 귀하고 소중한 생명체이기에 사람과 똑같이 맞으면 아프고, 아프면 울고, 다치면 치료를 받아야 한다고 생각했기 때문이라고 했다. 동물을 좋아하거나 사랑해서 수의사가 된 게 아니라는 그의 말이 참 기억에 많이 남았다.

김정호 수의사를 비롯해 '유 퀴즈'에서 만난 꿀벌 수의사와 생태학자 등을 통해 알게 된 것은 우리가 누리고 있는 삶의 많은 것들이 실은 지구의 수많은 동식물과 연결되어 있다는 사실이었다. 꿀벌이 있어야 과일을 먹을 수 있고, 바다의 플랑크톤이 줄어들면 산소 발생량이 감소하고 이산화탄소 흡수 능력이 떨어져 해양 생태계가 붕괴되고 그 영향이 인간에게까지 미칠 수 있다.

그런 사실을 배우며 인간이 세상을 더 나은 방향으로 이끌었다는 생각이 오만이었음을 깨달았다. 인간의 지성과 힘이 아무리 크다 해도, 이 세계를 이루는 수많은 생명들의 연결망 속에서 인간은 그저 한 부분일 뿐이다.

꿀벌처럼 작은 존재조차 우리의 삶과 직결되어 있음을 깨닫는 순간 그들을 존중하고 보호하는 일은 선택이 아니라 책임이 된다. 그리고 그 책임을 다할 때 인간은 비로소 지구 공동체의 일원으로 함께 살아갈 수 있다.

오늘을 살아가는 우리의 평범한 일상이, 제철 과일을 맛보고 남극의 황제펭귄을 만나는 순간이 먼 미래의 기록 속 추억으로만 남지 않기를 바란다. 우리가 사랑한 이 지구의 나날이 우리의 후손들에게도 똑같이 이어지기를.

나답게 산다는 것의 진짜 의미

한 소년이 있었다. 그는 열한 살 때 우연히 유튜브에서 대장장이라는 직업을 접하게 되었다. 불로 쇠를 달구고 망치로 때려 다양한 도구들을 만들어 내는 대장장이들의 모습에 반한 소년은 고민 끝에 부모님께 말했다.

"저, 대장장이가 되고 싶어요."

초등학교도 졸업하기 전이었다. 보통 부모 같으면 그냥 하는 말이겠거니 넘기거나 일단 공부를 좀 열심히 해 보라고 했을 텐데 그의 부모는 달랐다. 멋있다고, 네가 만드는 걸 좋아하니까 잘 선택했다고 했다.

"요즘 학부모들은 자식들이 뭐가 되고 싶다고 말하면 관련 대학과 학원부터 알아봐요. 아이들의 마음은 언제든 달라질 수 있는데 왜 대학부터 걱정하는지 모르겠어요. 아이들이 화가가 되고 싶다고 하면 스케치북을 사 주고 메이크업 아티스트가 되고 싶다고 하면 화장품 박스를 사 주면 돼요."

그래서 부모는 소년이 대장간 기술을 배우고 싶다고 말하자 충북 보은에 있는 한 대장간을 소개시켜 줬다. 집인 전북 진안에서 차로 왕복 4시간 이상 걸리는 거리. 하지만 대장장이 일을 너무 해 보고 싶었던 소년은 열다섯의 나이에 중학교를 가는 대신 보은에 있는 한 고시원에서 홀로 지내며 대장간 기술을 배우기 시작했다.

아침 여덟 시에 대장간에 나가 하루 종일 대장간 일을 배우다가 저녁 일곱 시쯤 막차를 타고 고시원으로 돌아가던 날들. 처음 6개월 정도는 망치질도 서툴고 손에 물집도 잡히기 일쑤였다. 몸도 마음도 지쳐 일 끝나고 집에 갈 때는 '그만둬야지' 생각했다가 다음 날이 되면 '조금만 더 해 보자' 하며 집을 나섰다고 밝혔다. 그럼에도 포기하지 않은 건 자신의 선택에 책임지고 싶었고, 무엇보다 망치로 쇠를 때릴 때마다 쇠가 변하고, 그것을 통해 무언가를 만들어 낼 수 있고, 실력을 쌓으면 쌓는 대로 만들 수 있는 것이 무궁무진한 대장장이의 매력에 푹 빠졌기 때문이다.

코로나로 인해 보은에 있는 대장간에서 작업하기 어려워지자 충남 부여 전통문화교육원으로 옮겨 기술을 배웠다. 왕복 10시간이 넘는 길이었지만 소년은 2년 동안 일주일에 두 번씩 그곳을 찾았다. 나머지 시간에도 대장간 기술을 배우고 싶은데 그럴 방법이 없어서 고민하던 소년은 집에 있는 닭장을 개조해 자신만의 대장간을 만들기로 결심했다. 이미 부모님을 도와 집 만드는 일을 해 봤던 소년에게 대장간을 만드는 것은 그리 어려운 일이 아니었다.

소년이 혼자 땀 흘리며 대장간을 만드는 동안 아버지는 가끔 들러 진척 상황을 체크했지만 간섭은 일체 하지 않았다. 저렇게 하면 안 되는데 하는 부분이 보였지만 아버지는 아무 말도 하지 않고 소년이 집 짓기의 모든 것을 다 경험할 수 있도록 그냥 두었다. 실패를 해도 그 과정에서 배우는 게 있을 테고, 다시 시작하면 된다는 것 또한 아이가 배울 수 있기를 바랐다. 역시나 한참을 작업한 후에 잘못했다는 것을 알게 된 소년은 그동안 쌓아 올린 것을 다 무너뜨리고 처음부터 대장간을 짓기 시작했다. 그리고 결국 남의 도움 없이 혼자 대장간을 완성했다. 소년은 온전히 자신의 손으로 만들어 낸 대장간을 볼 때마다 뿌듯했고 무엇이든 해낼 수 있을 거란 자신감이 차올랐다.

2024년 열아홉 살이 된 그는 이미 대장장이 일을 시작한 지 5년 차였다. '유 퀴즈'에서 섭외 전화가 걸려 왔을 때는 장난 전화인 줄 알았다고 했다. 그는 '유 퀴즈'에 출연해 자기소개를 해 달라고 하자 다음과 같이 말했다.

"저는 이평화라고 합니다. 열아홉 살인데 학교를 다니고 있지는 않습니다. 얼마 전까지 초졸이었고, 중학교 고등학교는 홈스

쿨링을 하고 검정고시를 봤습니다. 그리고 대장장이 일은 열다섯에 시작해 만 4년이 되었습니다."

진행자가 혹시 집안이 대대로 대장장이를 하고 있는 거냐고 묻자, 그렇지 않다며 유튜브를 보고 꿈을 키웠다고 얘기했다. 그리고 보은의 대장간에서 어린 자신을 받아 준 이유도 대장장이 대부분이 아버지뻘 또래의 사람들이고, 그 일을 하려는 사람이 없다 보니 자신을 기특하게 봐준 것 같다고 말했다.

혹시나 자신의 선택을 후회하고 있지 않을까 조심스럽게 물었더니 그는 후회가 없다고 했다. 쇠를 다루는 것이 즐거워 화덕에 불을 피우고 쇠를 녹이고 망치로 두드리다 보면 보통 저녁 9시 넘어서까지 작업장에 머무르는 경우가 많다고, 그저 일이 너무 재미있다고 했다.

그와 관련해 소년의 부모가 생생하게 기억하는 하루가 있다. 폭염이 기승을 부리던 여름날, 아침부터 밤늦게까지 아들이 무엇을 작업하는지 대장간에서 나오지 않았다. 궁금하고 걱정되었지만 알아서 잘 하겠지 하는 마음으로 먼저 잠이 들었다. 그런데 얼마나 시간이 지났을까. 누군가 흔들어 깨워 정신을 차려 보니 아들이었다. 아들은 까맣게 그을린 얼굴에 땀으로 옷이 흠뻑 젖은 채로 활짝 웃으며 자신이 만든 호미를 보여 주었다. 부모는 자신들에겐 호미보다 아들의 미소가 작품이었다고 말했다.

아들이 어떤 어른이 되기를 바라느냐는 나의 질문에 부모는 그냥 지금처럼만 살면 좋겠다고 말했다. 대장간에서 작업을 하고 있는 평화 군에게도 같은 질문을 했는데, 그는 이렇게 대답했다.
"사람들이 이 일을 하면서 나중에도 그걸로 먹고 살 수 있겠냐고 하는데, 하다가 안 되면 그때 다른 걸 찾으면 되니깐. 어떻게든 먹고살 방법이야 있지 않겠어요? 그래서 그냥 앞으로도 지금처럼만 살면 좋겠어요."

사람들이 흔히 말하는 성공의 기준이 있다. 세상은 우리로 하여금 그 선 안에 들어와 있는지 아니면 밀려나고 있는지를 불안한 마음으로 체크하게 만든다. 출발선도, 레일도, 결승점도 제각각인 이 세상에서 남보다 앞서가려고 혹은 뒤처지지 않으려고 우리는 애를 쓰며 달리고 있는 것이다. 그런데 어린 나이임에도 불구하고 자신이 하고 싶은 것을 스스로 개척해 온 평화 군은 전혀 남의 시선을 의식하지 않았다. 하긴 사회적인 성공의 기준이 그에게 무슨 의미가 있겠는가. 그에겐 지금 자신의 인생을 걸고 너무나 잘하고 싶은 일이 있었고, 그걸 하면서 매일 기쁨과 보람을 느끼고 있었다. 그럼 되는 게 아닐까.

물론 대장장이 일로 나중에도 먹고살 수 있을지 걱정이 될 수 있다. 하지만 평화 군은 쓸데없는 걱정으로 오늘을 망치지 않았다. 그리고 이기기 위해, 더 높은 곳으로 가기 위해, 초라해 보이지 않기 위해 등등 남들에게 '보이기 위한' 그 어떤 행동도 하지 않았다. 그저 대장장이로서의 하루에 충실할 뿐이었다.

그러고 보면 평화 군의 삶이야말로 우리가 바라는 삶이 아닐까. 남들이 뭐라든 내 인생을 내 방식대로 살아가는 것. 내가 하고 싶은 것을 선택하고 그 결과를 오롯이 책임지는 것. 그 가운데 기쁨과 행복을 느끼는 삶…. 나는 평화 군과 그들의 부모를 지켜보며 나답게 산다는 것의 진짜 의미가 무엇인지 비로소 알게 되었다. 그리고 그렇게 살아간다면 어떤 일이 닥쳐도 나를 믿고 나아갈 수 있겠다는 확신이 들었다.

크리스마스를 잘 보내는 방법

"우주에 어떤 비밀이 숨어 있든 우리가 태어났다는 사실은 달라지지 않는다. 우리는 기쁨을 느낄 것이고 고통을 느낄 것이고 거대하고도 광활한 우주의 아주 작은 일부로서의 존재를 다양하게 경험할 것이다. 다음에 무슨 일이 일어나건 간에, 우리는 여기에 있었다. 각각의 삶의 기록은 시간의 흐름 속에서 잊힐지라도 우리가 여기에 있었다는 사실은 변함이 없다. 우리는 살았다. 우리는 이 거대함의 일부였다. 살아 있음의 모든 위대함과 끔찍함, 숭고한 아름다움과 충격적 비통함, 단조로움, 내면의 생각, 함께 나누는 고통과 기쁨. 모든 게 정말로 있었다. 이 모든 것이. 광대함 속에서 노란 별 주위를 도는 우리 작은 세상 위에 있었다. 그것

하나만으로도 축하하고도 남을 이유가 된다."

사샤 세이건의 《우리, 이토록 작은 존재들을 위하여》에 실린, 내가 참 좋아하는 부분이다. 그리고 지금부터 말하고자 하는 것의 이유이기도 하다.

나는 12월 크리스마스 시즌부터 31일까지의 시간을 좋아한다. 찬 바람이 불기 시작하는 11월 말부터 마음이 슬슬 부풀어 오르고, 여기저기에서 캐럴이 들려오기 시작하면 괜히 마음까지 들썩거린다. 나에게 그 시간은 '올해를 잘 버텨 냈으니 이제 조금 여유 있게 한 해를 돌아봐'라고 말하는 보너스 같은 시간이기 때문이다. 그 소중한 시간을 어떻게 하면 의미 있게 보낼 수 있을까 고민하다가 나만의 작은 의식을 만들게 되었다. 바로 연말 모임을 만들어 가까운 지인들과 함께 한 해를 정리하는 시간을 갖는 것이다.

나는 매년 몇 가지 질문을 준비해 간다. 사람들이 다 모이면 나는 질문을 던지고, 한 사람씩 돌아가며 짧게 답하고, 그 답을 들으며 궁금한 것들을 서로 묻는다. 그에 대해 더 이상 할 말이 없으면 다음 사람에게로 순서가 자연스럽게 넘어간다. 내가 준비하는 질문들은 이렇다.

- 올해를 한 문장으로 정리한다면?
- 가장 힘들었던 순간은?
- 가장 행복했던 순간은?

- 가장 고마웠던 사람은?
- 가장 미안했던 사람은?
- 새해에 가장 바라는 것을 한 문장으로 말한다면?

처음에는 다들 가볍게 웃으며 별생각 없이 대답하거나, 갑자기 생각하려니 떠오르지 않는다며 대답을 얼버무리기도 한다. 그런데 누군가가 자신의 이야기를 진솔하게 하기 시작하면 어느새 다들 조금씩 진지해진다. 자신의 답에 대해서도 곱씹어 보고, 상대방의 이야기에도 더 집중하게 된다.

누구는 가장 행복했던 순간으로 반려견을 처음 만난 날을 꼽았고, 누구는 마라톤 완주를 말했다. 가장 고마웠던 사람으로 큰 실수를 품어 준 직장 상사를 떠올린 이도 있었고, 한 해를 잘 버텨낸 자신에게 가장 고맙다고 말한 이도 있었다.

같은 질문에도 이렇게나 다양한 대답이 나오는 걸 들으면서 우리는 자연스럽게 다음 사람의 이야기에 귀를 기울이게 된다. 서로 몰랐던 모습을 알게 되기도 하고, 스스로도 미처 몰랐던 마음을 발견하기도 한다. 그 작은 의식이 몇 년째 계속되다 보니 어느새 서로의 지난해와 올해의 변화를 구체적으로 공유하게 된다.

"작년엔 너 스스로를 더 사랑할 수 있게 되기를 바랐잖아. 올해는 어때?"

그렇게 질문은 점점 쌓이고 대화는 더 깊어진다.

한번은 늦은 밤 친한 후배에게서 전화가 걸려 왔다. 지금 다니는 회사에서 아무런 보람도 재미도 못 느끼겠다며 힘들다고 푸념을 늘어놓았다. 그런데 이야기를 듣다 보니 몇 해 전 연말 모임에서 찍어 둔 영상이 떠올랐다. 그 영상에는 입사 초반의 그녀가 그 일을 얼마나 하고 싶어 했고, 앞으로 어떻게 해 나가고 싶은지 초심을 말하는 모습이 담겨 있었다. 나는 그 영상을 찾아 후배에게 보냈다. 다음 날 그녀에게서 문자가 왔는데 까맣게 잊고 있던 자신의 모습을 보며 깨달은 것이 많다고 했다. 영상이 그녀에게 도움이 된 것 같아 다행스러웠고 기뻤다.

   나는 아마 다가오는 크리스마스에도 좋아하는 사람들과 모여 한 해를 정리하는 시간을 가질 것이다. 우리는 그 시간을 통해 올해를 돌아보며 서로에게 잘 버텼다고 토닥여 주고, 새해를 어떻게 살아가고 싶은지 묻고 그를 응원하게 될 것이다. 아무것도 이룬 게 없으면 어떠한가. 사샤 세이건의 말처럼 우리는 여기에 있었고, 한 해를 또 버텨 냈고, 그것만으로도 서로 축하의 말을 건넬 이유는 충분할 것이다.

나는 어떻게 기억되고 싶은가

 취재차 한 교도소에 갔을 때의 일이다. 그곳에는 고령자만 따로 수감하고 있는 방이 하나 있었다. 그 방에는 백발이 성성한 할머니 수감자 네 명이 텔레비전을 보고 있었고, 한 할머니는 바닥에 웅크리고 누워 있었다. 내가 들어가자 텔레비전을 보던 할머니가 누워 있는 할머니를 툭툭 치며 카메라가 왔으니 말 좀 해 보라고 부추겼다.
 "건강하게 있다가 빨리 바깥으로 나가고 싶지? 집에 가고 싶지?"
 "집도 없어. 여기서 죽어서 그냥 땅 속에 묻혔으면 좋겠어."
 80세가 되었다는 할머니는 구부정하게 웅크린 채 한 손은 배를, 다른 한 손은 주름진 얼굴을 감싸고 있었는데 손 사이로 보이는 얼굴이 너무 고통스러워 보였다. 내가 그 방에 머무는 내내 그녀는 미동조차 하지 않은 채 그렇게 누워만 있었다. 죽을 날만 기다리는 듯, 삶에 대한 기대를 완전히 내려놓은 듯한 그 모습이 서늘하기까지 했다. 그녀에게서 생에 대한 그 어떤 의지도 느껴지지 않았기 때문이다. 살아 있으나 이미 삶과 단절된 듯한 허무와 외로움이 고스란히 드러나는 얼굴이었다. 할머니는 도대체 어떻게 살아왔길래 인생의 마지막을 그처럼 아무런 희망도 없이 그저 숨만 쉬며 보내고 있는 걸까. 교도소 취재를 마치고 일상으로 돌아왔지만 그 할머니의 모습은 쉽게 잊히지 않았다. 그리고 나는 잊히지 않는 또 다른 한 사람의 마지막을 떠올렸다.

한센인들이 모여 사는 소록도를 취재할 때였다. 한 할아버지가 죽음을 맞이했다. 한센병 환자들은 완치 후에도 가족에게 돌아가지 못한 채 오랜 세월 소록도에 격리되어 살아왔다. 그래서일까. 장례식장은 너무 조촐했다. 잠시 후 한 할머니가 손녀딸의 손을 잡고 장례식장에 들어섰다. 한눈에도 외지에서 온 사람 같았다. 궁금해 다가가자 그녀는 내게 말했다. 자신의 딸이 오랫동안 소록도 봉사를 다니며 한센인들과 가족처럼 지냈고 자신도 어느 순간 따라다니며 할아버지와 많이 가까워졌다고 했다. 할아버지의 임종이 임박했다는 연락을 받고 부산에서 부리나케 달려왔는데 신기하게도 도착한 지 3분도 지나지 않아 할아버지가 숨을 거두었다는 것이다. 마치 세상을 떠나기 전 마지막으로 자신들을 보고 싶어 했던 것처럼.

나는 그가 마지막까지 머물렀던 방을 찾아갔다. 한센인들이 모여 사는 주택 안, 길게 나 있는 복도 한편에 작은 방들이 있었다. 그중 문이 열려 있는 방이 바로 할아버지의 방이었다. 그곳에는 낡은 서랍장에 손을 댄 채 울고 있는 한 여성이 있었다.

방 안은 햇살이 주황색 커튼을 통과해 낡은 살림살이들을 따스한 오렌지빛으로 물들이고 있었다. 그 빛 때문이었을까. 할아버지의 작은 방이 참 평화롭고 고요하게 느껴졌다. 서랍장에 손을 대고 울고 있던 이는 장례식장에서 만난 할머니의 딸이었다. 그녀는 한센인들의 이야기를 듣고 안타까운 마음에 자원봉사로 소록도에 왔고, 할아버지와 인연이 닿아 20년 동안 가까이 지냈다고 했다. 처음에는 자신이 할아버지를 도우러 온 게 맞지만 지금 생각해 보면 자신이 할아버지에게 받은 것이 훨씬 많다고 했다.

할아버지는 배급품으로 나오는 휴지와 속옷을 쓰지 않고 아껴 두었다가 그녀가 오는 날 선물로 건네곤 했다. 한번은 여성 속옷을 건네기에 어떻게 구했는지 물으니 남성 속옷이 필요한 다른 사람과 바꿨다고 했다. 그런데 정작 할아버지는 낡은 옷만 입고 다녔다. 그 모습이 너무 안타까웠던 그녀는 할아버지에게 좋은 옷을 한 벌 선물했다. 그러나 할아버지는 그 옷을 너무 소중하게 여겨 평소엔 절대 입지 않았고, 큰일이 있거나 병원에 갈 때만 입었다. 그녀는 서랍장 안을 열어 단정히 접혀 있는 그 옷을 나에게 보여 주었다. 막상 그 옷을 보자 할아버지 생각이 났는지 그녀는 또다시 눈물을 터트렸다.
　잠시 후 울음을 그친 그녀는 마지막으로 텔레비전 장식장 서랍을 열었다. 서랍 안에는 수저가 들어 있었는데 보통 수저와 달리 손잡이 쪽에 플라스틱 받침이 붙어 있었다. 한센병 후유증으로 손가락 몇 개가 없는 할아버지가 남은 손가락에 끼워 사용할 수 있게 만든 맞춤형 수저였다. 그녀는 유품으로 간직하고 싶다며 수저를 가슴에 꼭 안고 방을 나섰다.
　그녀가 떠난 후 나는 혼자 남아 할아버지의 방을 둘러보았다. 몇 개 되지 않은 할아버지의 살림에는 세월의 흔적이 깊이 배어 있었다. 서랍장의 닳은 모서리, 붙였다 떨어지기를 반복한 손잡이, 보풀이 일어난 이불…. 그런데 신기하게도 그 낡은 것들에서 비천함이나 궁색함이 아닌 정갈함과 성스러움이 느껴진 것은 왜일까.
　나병이나 문둥병으로 불리던 한센병. 그 병에 걸리면 외형이 흉측하게 변하는 탓에 치료법이 없던 옛날에는 사람들이 한센병 환자를 괴물 취급하면서 '신의 저주'를 받았다고 손가락질했다. 또 피부만 스쳐도 전염되는 병이라고 여겨 절대 한센병 환자를 가까이하지 않으려 했다. 실은 결핵 예방용 주사인 BCG 접종만 하면 감염을 예방할 수 있고 치료법도 간단했는데 말이다.
　하지만 소록도에 격리된 한센병 환자들은 완치 후에도 사람들의 잘못된 인식 탓에 섬 밖으로 나갈 수가 없었다. 더 가혹한 사실은 그들이 가족에게도 철저히 외면당했다는 것이다. 하지만 할아버지는 자신을 버린 가족과 세상을 원망하지 않았다. 그저 주위 사람들에게 자신이 가지고 있는 걸 하나라도 더 나눠 주려고 애썼다. 가진 게 별로 없더라도 어떻게든 사람들에게 베풀고 싶어 하는 마음뿐이었다. 그래서 할아버지가 아껴 둔 속옷과 휴지, 플라스틱 받침이 붙은 수저, 낡은 살림살이는 단순한 물건이 아니었다. 누군가를 위해 남겨진 사랑의 흔적이자 그의 존엄이었다.

할아버지의 죽음을 곁에서 지켜본 사람들, 임종 소식을 듣고 단숨에 달려온 이들, 할아버지를 그리워하며 방에서 울던 자원봉사자… 그들에게 할아버지는 고맙고 소중한 사람으로 남아 있었다. 누군가의 기억 속에 소중한 사람으로 살아 있다는 것, 그것이 한 인간이 이 땅에서 남길 수 있는 가장 큰 유산이 아닐까.

나는 장례식장에서 그 모습을 지켜보다 문득 나의 삶은 어떤 모습으로 남게 될지 생각해 보게 되었다. 나의 죽음을 슬퍼해 줄 사람은 몇 명이나 될까. 나는 그들에게 어떤 기억으로 남게 될까. 순간 교도소에서 만난 할머니의 얼굴이 선명하게 떠올랐다. 분명한 것은 내가 지금 살아가는 모습 하나하나가 소중한 사람들의 기억 속에 새겨지고 있다는 사실이다.

할아버지가 남긴 것은 명예도 부도 아니었다. 그저 한 사람을 아끼고 시간을 들여 마음을 건네는 일이었다. 사람을 사랑하는 마음 하나면 충분한데, 나는 무엇으로 기억되기 위해 이토록 애쓰고 있는 걸까. 대단한 사람이 아니어도 괜찮다. 힘든 날 건넨 한마디, 기쁜 날 지어 보낸 미소, 마음을 담은 소박한 선물. 그것들이야말로 오래 남을 나의 모습이라는 것을 할아버지의 마지막 순간이 일깨워 주었다.

  그래서 다짐해 본다. 나다움을 잃지 않고 내 곁의 사람들에게 진심을 전하며 하루하루 살아가자고. 언젠가 내가 세상을 떠난 뒤, 누군가 내 이름을 떠올리며 따스한 추억과 함께 웃을 수 있다면 나는 이 단 한번뿐인 삶을 충분히 잘 살아 낸 것이 아닐까.